世紀
人物
100

暴風中的孤帆

列夫‧托爾斯泰

韓　秀　著

三民書局

獻給孩子們的禮物

主編的話

世界上最幸福的孩子，是他們一出生就有機會接近故事書，想想看，那些書中的人物，不論古今中外都來到了眼前，與他們相識，不僅分享了各個人物生活中的點滴，孩子們的想像力也隨著書中的故事情節飛翔。

不論世界如何演變，科技如何發達，孩子一世幸福的起源，仍然來自於父母的影響，如果每一個孩子都能從小在父母親的懷抱中，傾聽故事，共享閱讀之樂，長大後養成了閱讀習慣，這將是一生中享用不盡的財富。

三民書局的劉振強董事長，想必也是一位深信讀書是人生最大財富的人，在讀書人口往下滑落的多元化時代，他仍然堅信讀書的重要，近年來，更不計成本，連續出版了特別為孩子們策劃的兒童文學叢書，從「文學家」、「藝術家」、「音樂家」、「影響世界的人」系列到「童話小天地」、「第一次」系列，至今已出版了近百本，這僅是由筆者主編出版的部分叢書而已，若包括其他兒童詩集及套書，三民書局已出版不下千百種的兒童讀物。

劉董事長也時常感念著，在他困苦貧窮的青少年時期，是書使他堅強向上，在社會普遍困苦，而生活簡陋的年代，也是書成了他最好的良伴，他希望在他的有生之年，分享這份資產，讓下一代可以充分使用，讓親子共讀的親情，源遠流長。

「世紀人物100」系列早就在他的關切中構思著，希望能出版

孩子們喜歡而且一生難忘的好書。近年來筆者放下一切寫作，接下這份主編重任，並結合海內外有心兒童文學的作者共同為下一代效力，正是感動於劉董事長致力文化大業的真誠之心，更欣喜許多志同道合的朋友，能與我一起為孩子們寫書。

「世紀人物100」系列規劃出版一百位人物故事，中外各占五十人，包括了在歷史上有關文學、藝術、人文、政治與科學等各行各業有貢獻的人物故事，邀請國內外兒童文學領域專業的學者、作家同心協力編寫，費時多年，分梯次出版。在越來越多元化的世界中，每個人都有各自的才華與潛力，每個朝代也都有其可歌可泣的故事，但是在故事背後所具有的一個共同點，就是每個傳主在困苦中不屈不撓，令人難忘的經歷，這些經歷經由各作者用心博覽有關資料，再三推敲求證，再以文學之筆，寫出了有趣而感人的故事。

西諺有云：「世界因有各式各樣不同的人群，才更加多采多姿。」這套書就是以「人」的故事為主旨，不刻意美化傳主，以每一位傳主的生活經歷為主軸，深入描寫他們成長的環境、家庭教育與童年生活，深入探索是什麼因素造成了他們與眾不同？是什麼力量驅動了他們鍥而不捨的毅力？以日常生活中的小故事，來描繪出這些人物，為什麼能使夢想成真。為了引起小讀者的興趣，特別著重在各傳主的童年生活描述，希望能引起共鳴。尤其在閱讀這些作品時，能於心領神會中得到靈感。

和一般從外文翻譯出來的偉人傳記所不同的是，此套書的特色是，由熟悉兒童文學又關心教育的作者用心收集資料，用有趣的故

事，融入知識，並以文學之筆，深入淺出寫出適合小朋友與大朋友閱讀的人物傳記。在探討每位人物的內在心理因素之餘，也希望讀者從閱讀中，能激勵出個人內在的潛力和夢想。我相信每個孩子在年少時都會發呆做夢，在他們發呆和做夢的同時，書是他們最私密的好友，在閱讀中，沒有批判和譏諷，卻可隨書中的主人翁，海闊天空一起遨遊，或狂想或計畫，而成為心靈知交，不僅留下年少時，從閱讀中得到的神交良伴（一個回憶），如果能兩代共讀，讀後一起討論，綿綿相傳，留下共同回憶，何嘗不是一幅幸福的親子圖？

2006 年，我們升格成為祖字輩，有一位朋友提了滿滿兩袋的童書相送，一袋給新科父母，一袋給我們。老友是美國國家科學院院士，曾擔任過全美閱讀評估諮議委員，也是一位慈愛的好爺爺，深信閱讀對人生的重要。他很感性的說：「不要以為娃娃聽不懂故事，我的孫兒們一出生就聽我們唸故事書，長大後不僅愛讀書而且想像力豐富，尤其是文字表達能力特別強。」我完全同意，並欣然接受那兩袋最珍貴的禮物。

因為我們同樣都是愛讀書、也深得讀書之樂的人。

謹以此套「世紀人物 100」叢書送給所有愛讀書的孩子和家庭，以及我們的孫兒——石開文，他們都是世界上最幸福的孩子，因為從小有書為伴，與愛同行。

巨星是不會隕落的

作者的話

　　2004 年的早春，當簡宛主編跟我說，要我為少年讀者寫一本托爾斯泰傳記的時候，我的心情實在是又喜又驚。

　　主編的信任當然讓我感覺非常鼓舞，同時，我也開心的想到，多麼好的機會啊，可以回頭重新溫習托爾斯泰幾百萬字的小說了。這些小說在我進入高中的時候就已經全部讀過了，但是年歲漸漸長大以後，又有選擇的重新讀了很多部，每一次，心得也都很不一樣。這一回讀書卻跟從前大不相同，首先，是為了給這位小說家寫傳記才來讀書的。第二，我自己也是一個小說作者，非常清楚的知道，小說作者一定會在他（她）的小說裡流露出作者自己的性格、脾氣，以及對事情的看法，那絕對比歷史學家的紀錄更真實。

　　心驚膽戰的原因卻相當複雜：托爾斯泰是一位成就驚人的小說家，但是，他的內心世界矛盾重重，脾氣又大，年輕的時候常常和人吵架，老了以後又一直鬧著逃家，很不好相與呢！這麼一個古怪的人，足足活了八十二年，要怎麼樣才能把他的情形告訴我們的少年讀者呢？看了我寫的傳記，小讀者會不會喜歡這位鬍子一大把的老

爺爺呢？更要緊的是，當小讀者升入高中的時候，會不會有興趣把他的書找來讀一讀呢？

　　托爾斯泰的書跟封面漂亮、插圖多多、「輕、薄、短、小」的現代出版品完全相反，它們都是「磚頭書」，掉在地上會砸出一個深深的坑！我從書架上把這十幾部書搬到書桌上，撫摸著這些樸素的淺灰色封面，心裡卻有非常富足的感覺。我知道，這些書會像一幅又一幅油畫一樣讓我走進俄羅斯寬廣、平坦的大草原，讓我看到伏爾加河的波濤，看到雄偉峻峭的高加索山脈，看到在那裡生活的各式各樣的人。這些書也會像一首又一首交響樂一樣，讓我聽到宮廷的舞曲、鄉野的小調、軍鼓咚咚、炮聲隆隆、千軍萬馬的吶喊與嘶吼。這些書也能讓我用心感覺那個時代的人內心的狂濤巨浪，以及托爾斯泰本人的脈動、呼吸與心跳。

　　托爾斯泰是真正的「軍中作家」，他親自參加了俄國內戰和俄國與土耳其的戰爭，參加了著名的塞瓦斯托波爾保衛戰。他對戰爭的批判、對和平的嚮往和珍惜，就使得他的巨作《戰爭與和平》成了世界文學寶庫裡最重要的史詩之一。

　　他又是一位可敬的「農民伯爵」，他是貴族，擁有巨大的財富，但是他親近土地、親近農民、熱愛體力勞動、了解俄羅斯土地上各民族勞動者的生活、智慧、性格與夢

想。他的一系列中篇小說溫柔而冷靜的揭開了 19 世紀俄羅斯社會各階層生活的面紗，把歷史學家沒有寫清楚的事情說得透澈明白。

他還是一位產量頗豐的兒童文學作家，講故事的本事棒極了！棒到什麼程度？我就不多說了，請小讀者自己去尋找答案。

他也是一位思想者，不肯跟在別人後邊人云亦云。他一輩子追求真理，不怕得罪沙皇政府和東正教教會。沙皇政府實在恨他，真想把他關起來或者把他流放到西伯利亞。但是他們知道，「俄國的監獄實在太小，關不下這麼偉大的小說家！」只好不停的麻煩他。當大家閱讀他的小說《復活》的時候，就會感覺到他的思想是多麼深邃，他對人物的心理又描繪得多麼生動、多麼活潑。

托爾斯泰有著快樂的童年、熱鬧的中年和非常不幸的晚年。我們很難說他是一個快樂的人，但是，我們可以說他是一個非常有趣、非常複雜的人。他的心裡很少有平靜的時候，老是狂風大作、暴雨傾盆、雷霆萬鈞。甚至，我們可以說，他像一艘帆船一樣總是挑戰大海，總是勇往直前，總是在風口浪尖上找到安寧，找到平穩。聽起來很奇怪，是不是？但是，小說家的魅力就隱藏在這裡啊！

托爾斯泰是嚴肅的作家，只寫他自己要寫的東西，從來不向潮流低頭。他對自己的要求非常嚴格，一本書寫了又寫、改了又改，寫四年、六年、十年、十一年才算寫完，是一件很平常的事情。我們仔細看看他的生平年表，就可以發現這個特點。

花了四個月時間再一次閱讀托爾斯泰，不但讀他的作品，也讀他的生活故事，發現了很多有意思的事情。最讓我高興的是，這顆

巨大的文學之星從來沒有隕落過。一百年來，世界各地的學者、作家不斷研究他，寫出形形色色的傳記。今天，呈現在小讀者面前的，是一本完全不同的人物素描，它是一位小說作者對同行的研究與分析，它飽含敬意卻又非常誠實。

　　期待少年讀者透過這本小書，看到栩栩如生的俄羅斯文學家列夫‧托爾斯泰，這是我最大的心願。

寫書的人

韓　秀

　　是一個四海為家的人，她有很多很多中文，有一些英文，曾經有很多現在只有很少俄文，她還有一點點希臘文。所以，她用中文寫作，為成年讀者寫小說、散文、遊記、書話、美食箚記。為少年讀者寫傳記。

　　她的書全部都在臺灣出版，絕大多數又都在三民書局出版。在她出版的二十本書裡面，有三本是傳記，全部都在三民書局的「兒童文學叢書」之內。

暴風中的孤帆

列夫·托爾斯泰

目次

世紀人物
100

列夫・托爾斯泰

————————•————————

1828～1910

1 雪山與大河

　　我們這個長長的故事發生在一個巨大的國家裡，這個國家叫做俄羅斯帝國。當年，這是一個在世界地圖上占據最大面積的國家，橫跨亞洲大陸和歐洲大陸。

　　我們的故事發生的時間是19世紀的中期，那時候，俄羅斯的最高統治者是沙皇，那時候的俄羅斯還沒有出現紅色革命，沒有變成蘇聯。那時候的俄羅斯和蘇聯結束以後、現在已經變小了的俄羅斯大不相同。那時候，一百多個民族都統一在沙皇的治理之下，完全是一個大帝國。這個大帝國的締造者是彼得大帝。為了講故事方便，我們就把這個大帝國簡單叫做俄國。

　　19世紀對於俄國來說，實在是偉大得不得了的一百年，最要

緊的事情有好幾件。

大家都知道法國有一個能征善戰的拿破崙，19世紀初，拿破崙在歐洲簡直是打遍天下無敵手啊，但是，他卻在冰天雪地的俄國碰了大釘子。沉默寡言、飢寒交迫的俄國士兵擋住了拿破崙的鐵蹄。這個北方的巨大帝國向整個世界表現了她的英雄氣概。

第二件事情就是沙皇政府在1860年代不得不取消實行了很多年的「農奴制」。真是「不得不」取消啊，先是爆發了克里米亞戰爭，這一場戰爭跟擊退拿破崙完全不同。這一場戰爭的遠因是俄國支持的希臘與法國支持的羅馬爭奪耶路撒冷的控制權。後來土耳其和英國又捲了進來，演變成土耳其、英國、法國聯軍向俄國大舉進攻。戰場就是早年的希臘殖民地，18世紀被俄國納入版圖的克里米亞半島。這個半島

在俄國西南部，正好夾在黑海和亞速海之間，是一個風景好極了的渡假勝地。這一場戰爭打得好辛苦，對於俄國來說，簡直是一塌糊塗。戰敗以後，全國各地烽煙四起，爆發了一大堆農民起義。沙皇政府實在是招架不住啦，這才讓拴在地主莊園裡的農奴們成了自由人。

第三件事情就是19世紀的俄國文學輝煌得好像太陽，這太陽忽然一下子從地平線上跳了出來，不但整整輝煌了一百年，而且到了現在，到了將來，還是燦爛無比。在這光芒萬丈的輝煌裡，我們這個故事的主角貢獻極大，他的全名是列夫·尼古拉耶維奇·托爾斯泰。

好長的名字啊！一點都不錯，俄國人的姓名包括三個部分，名字、父名和姓氏。這位文學家的名字是列夫，他的父親的

名字是尼古拉，所以他的父名是尼古拉耶維奇。大家一定會問，列夫也有兄弟姐妹吧？如果他們的父親都是同一個人，他們的父名不是都一樣了嗎？說得對，列夫和他的哥哥們的父名都是尼古拉耶維奇，只有小妹妹瑪麗婭因為是女孩子，姓名最後的字母出現變化，父名是尼古拉耶夫娜。

更有趣的是，俄國家庭的長子會和父親同名，猜猜看，列夫的大哥的全名是什麼？猜對了！他的全名是尼古拉·尼古拉耶維奇·托爾斯泰。同樣道理，俄國家庭的長女也會和母親同名，列夫妹妹的全名是瑪麗婭·尼古拉耶夫娜·托爾斯泰婭。再來猜一猜，列夫和他的兄弟姐妹們的媽媽叫什麼呢？又猜對了，這位好媽媽的名字就是瑪麗婭。

大家一定很擔心，這樣長的名字不是很難記得嗎？故事裡的

人物如果都要用全名來稱呼，我們的時間就沒有了！所以，我們的主角就用他的姓來代表，世界上有很多人姓托爾斯泰，但是 19 世紀的俄國文學家裡卻只有一位姓這個姓。

聰明的讀者一定會再問，在這本書的標題上，為什麼要連名帶姓，指出這個故事講的是列夫・托爾斯泰呢？原因就是，在 20 世紀，在蘇聯，出現了一位小說家，他的名字是阿列克賽・托爾斯泰。後來大家叫他小托爾斯泰，我們故事裡的主角就成了老托爾斯泰。為了不至於鬧不清楚，在標題上就寫下我們主角的名字，在故事裡我們就只稱呼他的姓，就好像我們說到別的大文學家，像普希金、果戈理、屠格涅夫……，都是用他們的姓來代表。這樣一來，我們就不會花太多時間來唸他們的全名啦。

　　我們的托爾斯泰和 19 世紀在俄國發生的那幾件大事都有非常密切的關係，關於戰爭、關於農奴獲得自由、關於文學，托爾斯泰的故事多極了，大家最關心的一定是，他，托爾斯泰，是怎麼開始用筆寫作，變成一個作家的呢？

　　咱們的故事就從 1851 年的 4 月開始。這個時候，托爾斯泰已經是一位二十三歲的年輕人了，他長得不難看、有錢、脾氣好、心地善良，在莫斯科貴族們來來往往的沙龍裡，很受歡迎呢。可是，托爾斯泰覺得那種生活實在是一點意思也沒有。用今天的話來說，就是他覺得非常的無聊。他跟大哥尼古拉說，他需要驚險萬狀的生活，充滿了危險，充滿了刺激。他覺得那種日子才能帶給他一個全新的未來！那時候，尼古拉是一位砲兵軍官，駐地就

在俄國西南、接近土耳其和伊朗的高加索山區。尼古拉哈哈大笑，告訴托爾斯泰，軍旅生涯充滿了危險，絕對「驚險萬狀」、絕對「新鮮刺激」，要不要試一試呢？托爾斯泰就高高興興的跟著大哥一塊兒出發了。

他是那樣興奮的踏上了愉快的旅程，但是他完全沒有想到，這一趟旅行真的意義重大，他的「全新的未來」就是從這裡開始的。他們的嚮導是一條偉大的河流，在俄國的音樂、文學、繪畫裡被永遠歌頌的河流，她是俄羅斯的母親河，是整個歐洲最長、最寬廣、最壯觀的河流。這條河的名字是伏爾加河。這是一個美麗的、難忘的春天，大河展開了最美麗的笑顏，留給了青年托爾斯泰，這位日後俄羅斯偉大的文學家最為深刻的記憶。

度過了嚴寒的、冰雪覆蓋的

長長的冬天，冰河解凍了，托爾斯泰和哥哥騎在馬上，沿著河岸向下游前進。馬蹄踩在潮溼的草地上，春草正在歡呼著冒出新綠，白樺樹頂的細嫩枝條正在吟唱著、旋舞著、擁抱著藍天。白嘴鳥飛來了，落在枝頭吱吱喳喳叫嚷著，聊著旅途見聞。所有的歡欣鼓舞、所有的歡聲笑語都好像是夾道歡迎，迎接著大河的滾滾流淌，大河是那樣的歡快、那樣的波濤滾滾、那樣的壯闊啊！

看到弟弟是這般著迷，這麼快就一往情深的愛上了伏爾加河，於是尼古拉建議坐船，順風順水直奔阿斯特拉罕，伏爾加河流入裏海的入海口。

在船上，伏爾加河托起未來的文學家，滾滾向前。托爾斯泰覺得自己變成了一面風帆，正在和大河一起鼓浪前進。但是，那是什麼？他的視線盯住了沿岸一

條沉重的小貨船，那條船逆水向上游一點一點挪動著。岸上正在解凍，仍然寒冷、堅硬的沙灘上走著十二位縴夫，拉動貨船的粗大帆布帶子緊緊的勒在他們的胸前。縴夫們幾乎躬身到地，從他們的胸腔裡發出悶如沉雷的號子聲，他們踩著整齊劃一的腳步，他們的破衣爛衫被春風撕扯著，如同五顏六色的旗幟。大河頓時寂靜無聲，莊嚴流淌。托爾斯泰面對著伏爾加河上的縴夫，感覺著這些赤貧的人所顯示出來的英雄氣概。他沉默著、慚愧著、激動著、感謝著，一直到那些縴夫漸漸消失在藍天和黃沙相接的遠方。縴夫們的號子聲卻在他心裡迴盪著，成了一首歌，一首真正屬於俄羅斯的歌，深沉、悠遠、蕩氣迴腸。

阿斯特拉罕到了，托爾斯泰兄弟告別大河，乘坐驛車前往高

加索的陸軍駐地。

伏爾加河的壯麗還在心裡鼓盪著，托爾斯泰又被高加索驚人的美麗震住了。他做夢也想像不到，雪山竟然一點兒也不猙獰，反而漂亮得不得了！他們乘坐的三套馬車在大路上飛奔，巨大的，「近在身邊」的，如同白雲般的雪山竟然和他們一起「飛奔」。這些從草原上拔地而起，連綿不斷的奔向遠方的山，在朝霞輝映下，被鑲上一頂玫瑰色的冠冕。待奔馳一整天之後，晚霞又映紅了整個山區，一切的一切都變成了金紅色，那樣的金碧輝煌，那樣的深不可測。到了第二天清晨，白色的濃霧像面紗一般在山谷間飄拂著飄拂著，變成了

放大鏡 有一首俄羅斯民歌，叫做「三套車」，歌中唱道：
冰雪覆蓋著伏爾加河
冰河上跑著三套車
有人在唱著憂鬱的歌
唱歌的，是那趕車的人……
這首歌深沉、憂傷，滿載俄羅斯風情，由北而南傳遍了全世界。

一首詩，溫柔的觸動了托爾斯泰的心，然後，就永遠的留在了那裡。

整整一個月的旅途，腦袋裡本來亂哄哄的托爾斯泰安靜下來了。抵達砲兵部隊駐地的當天晚上，他攤開日記本，寫下了這樣的句子：「……這一切是怎麼發生的呢？我只是想寫好多東西，寫大河，寫草原，寫山的險峻、端莊，然後，我還想寫寫哥薩克人，寫寫韃靼人……。」

就像尼古拉早先說的，高加索的生活果然是非常嚴峻的。但是，人和人之間的殘酷殺戮竟然發生在這樣美麗的自然環境裡，讓托爾斯泰的心常常被扭絞成一團。

那時候，以東正教作為國教的沙皇俄國，已經在要求信奉伊斯蘭教的車臣人作俄國的忠實子民。沒有錯，就是那個到了21世

紀，仍然讓俄羅斯頭痛萬分的車臣。在高加索地區，居住在捷列河畔的哥薩克人多半已經歸順沙俄，一些韃靼人也已經歸順沙俄，然而山民們，世代與雪山為鄰，在崇山峻嶺之巔、飛瀑流泉之側討生活的，不信東正教的山民們卻不肯屈服，於是俄國軍隊駐紮高加索，一場又一場血腥的殺戮不斷展開。

高加索美麗的自然風光和人際之間的殘殺形成強烈的對比，這個對比完全沒有詩意！這個對比不斷的折磨著年輕的托爾斯泰，他是那樣喜愛車臣人的剽悍、善良、忠誠和聰慧，他是那樣欣賞哥薩克男女的英俊、瀟灑、多情與豪邁，但是他不是「他們」，有好幾個月，他沒有辦法擺脫自己是個「局外人」的現實。

到了 1852 年的 1 月，托爾斯

泰下定決心，不再作「客人」。他毅然從軍，成了一名砲兵軍士。但是，戰爭的殘酷完全不聽從任何「良好意願」的驅使，正式入伍以後參加的第一次戰鬥就相當激烈，他指揮的大砲被對方的砲彈擊中，他自己差一點遇難！沒有想到，這樣的經歷卻讓他在軍隊裡迅速升遷，入伍不到兩個月，他升任士官。

「仕途」暢順應該是好事，可是托爾斯泰一點兒也不覺得快樂。他周圍的軍官行為粗野、放蕩，生活常規亂七八糟，整日無所事事。他試著和他們「打成一片」，感覺到的卻是格格不入。軍官們也覺得他是個怪物，「……大家都在飲酒作樂，好不快活。他一個人卻在那裡讀書，讀書，沒完沒了……。」

他不但讀書，他也在動腦筋思考。他在日記裡留下了這樣的

句子:「……一年來,我為光陰的消失而煩惱,無論白天還是黑夜,都深深不安。我應該可以做些事情的,我身上有著一些東西讓我相信,自己可以作一個不一樣的人……。不是功名利祿,我蔑視這些東西……我嚮往一種志業,可能對人的幸福和利益產生巨大而深刻的影響……那樣的志業。」

　　他沒有馬上開始寫高加索,沒有馬上開始寫戰爭,沒有馬上將俄羅斯人和哥薩克人、韃靼人裝進他的小說,他把大河與雪山留在心裡。在殘酷的軍人生活裡,他開始回憶美好的童年。童年像星空一樣明淨、和平。童年像花朵一樣芳香,像爐火熊熊的壁爐一樣溫暖。他深深的、深深的陷入回憶當中,他開始書寫。

　　回憶生出了想像的翅膀,帶著他,展翅飛翔。

2 波良納莊園

在高加索，在殘酷的戰爭環境裡，托爾斯泰想念故鄉，想念那明亮的林中空地——雅斯納亞・波良納莊園。這個莊園屬於圖拉省，它的位置就在莫斯科南邊兩百公里的地方，在一大片丘陵地帶。那是一個多麼美麗的莊園啊，坐落在一條繁忙的大道附近，大道兩側種植著高高的白樺樹。從早到晚，馬車呀、趕路的農民呀、信徒們呀，都在樹蔭底下奔過來走過去，好不熱鬧。

莊園入口的地方有兩座白色的、高高的塔樓，有農奴在上面瞭望，把守著通往莊園的車道。托爾斯泰小時候非常喜歡這兩座塔樓，常常一步步登上塔頂，這樣子，莊園裡邊和外邊的風景就一點一點在他的眼前展開，有趣

極了。到了塔樓頂上，可以遠遠看到不知多麼廣大的扎謝克森林，還可以看到彎彎曲曲、波光粼粼的沃朗卡河，看到顏色那麼豐富的田野和草原，還有那些像小星星一樣散布其中的農家房舍。他常常在想，不知那些房舍裡正在上演著什麼樣的故事？

現在，我們都知道，1828年8月28日，托爾斯泰就出生在這個莊園裡，不但如此，他也在這裡度過了他一生中大部分的歲月。甚至，他最後也在這莊園附近的扎卡斯峽谷安息，長長遠遠傾聽松濤和溪流的合唱。

這個莊園就是母親瑪麗婭·尼古拉耶夫娜·沃爾康斯卡婭的嫁妝之一，是貴族世家沃爾康斯基公爵的產業。公爵的家世非常顯赫，不但和彼得大帝、女皇凱薩琳大帝有著密切的關係，瑪麗婭更與俄國最偉大的詩人普希金

家族有著血緣關係。也許我們可以這樣說，先天的貴族氣質註定了托爾斯泰非常複雜的性格，無論他再怎麼樣期待「平權」，為人類的自由、平等奮鬥，他自己的一輩子卻都是生活在富裕與優雅之中，從來沒有機會真的跟普通的老百姓一樣嘗到饑餓、貧苦的滋味。

另外一方面，母親瑪麗婭不但帶給了他美麗富饒的波良納莊

放大鏡　　　　詩人普希金曾經在一首題目叫做〈鄉村〉的詩裡，唱出他對家鄉的印象：

我是你的
我愛那幽暗的花園
愛那裡涼風習習
滿園鮮花怒放
我愛那一堆堆草垛散發著芬芳的草原
那裡清澈的溪流在樹叢中潺潺的歡唱……
遠處農家的房舍星羅棋布
溼潤的湖岸上放牧著成群的牛羊
烘房上輕煙裊裊
磨房上風車轉動
到處是豐足和勞動的景象……

園，讓他的生活衣食無憂，更給了他詩人的遺傳。我們相信，在高高的天上，那輝煌而已經離去的詩魂悄悄的指引著托爾斯泰走向詩歌，走向文學。我們沒有法子猜想那指引是怎麼樣進行的，但是，俄國人都相信，現在，更多的人也都相信，從普希金到托爾斯泰，那神祕的文學紐帶絕對是一種酷呆了的存在，沒有人能夠否定。

父親尼古拉‧伊里奇‧托爾斯泰出身伯爵世家，早年曾經是一位英勇的軍人，1812 年還親自參加過抵抗拿破崙的衛國戰爭！這位青年紳士相貌堂堂，帥得不得了，更棒的是，他的脾氣也好得不得了了！他買書、藏書、喜歡讀書，他的手不釋卷直接影響了托爾斯泰與書籍終生相伴的關係。最要緊的是，在兒子的眼中，父親可是一位氣度不凡的騎

士，他在馬上的英姿一直留在兒子的記憶深處。

托爾斯泰有三個哥哥：尼古拉、謝爾蓋、德米特里，還有一個妹妹瑪麗婭。

托爾斯泰的童年是非常幸福的，他一直被呵護得非常周到，也可以說，他是生活在一種幻覺裡的，帶給他這許多美好經驗的是一位女性，她就是塔吉雅娜姑姑。

塔吉雅娜是托爾斯泰家族的遠親，在幼年失去父母以後，就被托爾斯泰的祖父、祖母收養。塔吉雅娜非常美麗，也非常聰明，她非常清楚的知道自己是一個完全沒有錢的孤女，和她寄居的貴族之家有著巨大的、沒有辦法逾越的鴻溝。但是，她是那麼喜歡與她同歲的、風度翩翩的尼古拉（托爾斯泰的父親），甚至曾經期待奇蹟出現，她能夠和她

心目中的白馬王子生活在一起。

　　但是，生活不是童話，托爾斯泰家族雖然是貴族，卻不是很富有，他們絕對需要大量的金錢。在這種情形下，尼古拉和非常非常富有的公爵小姐瑪麗婭結婚，就是一件「理所當然」的事情。塔吉雅娜不但接受了這個殘酷的事實，而且她尊敬、愛護瑪麗婭就好像她愛護托爾斯泰家每一位成員一樣。尼古拉和瑪麗婭生了五個孩子，塔吉雅娜把自己全部的熱情、愛意和溫暖都傾注在這五個孩子身上，一心一意照顧他們，陪著他們長大。

　　1830 年，托爾斯泰才兩歲，母親瑪麗婭就生病去世了。父親尼古拉向塔吉雅娜姑姑求婚，卻被這聰慧的女子拒絕了。塔吉雅娜不願意改變她與孩子們之間純潔的關係，她做了許多母親做不到的事情，但她始終如一，永遠

是孩子們的「塔吉雅娜姑姑」。更可貴的是，她也把孩子們對母親的懷想永遠的留給了早早逝去的瑪麗婭。

塔吉雅娜姑姑終生未嫁，全心全意守護著這五個孩子。孩子們失去了母親，卻沒有失去母愛。七年以後，他們又失去了父親，他們卻也沒有失去父愛。塔吉雅娜姑姑用自己的全部生命創造了這個奇蹟。這個奇蹟對於托爾斯泰來講，變成了整個俄羅斯婦女最寶貴的品德。後來，在他所寫的小說裡，我們都可以看見這高貴的品德像金子一樣閃閃發光。

塔吉雅娜姑姑大概沒有想到，她無私的愛，在她最鍾愛的小列夫的心裡，種下了一顆多麼珍貴的種子。小列夫憒憒懂懂的在感覺著那無所不在的溫暖與柔情。終其一生，他都在懷念他的

好媽媽，她是那樣的優雅、美麗，她的法語、英語、德語、義大利語是那樣嫻熟、悅耳、優美。她的琴聲如同和風，她的畫作那般秀麗動人，她所寫的詩句更是溫柔。就連撲在母親裙裾裡那溫暖的感覺，那香味，多少年以後，已經寫出好多部重要作品的托爾斯泰都仍然「記憶猶新」。

我們不能不承認，兩歲幼兒的「記憶」是非常不可靠的。透過塔吉雅娜姑姑永無休止的敘說、永不停頓的釋放愛意，他的「記憶」一點一滴的不斷加深起來。他從小喜歡聽姑姑與家裡的女工們在一起「說話」，屋外冰天雪地寒風怒吼，屋內燭光搖曳溫暖如春，女人們輕柔的語聲，她們寧靜的笑容，她們散發出來的甜美的香味，都在催化著這幼小的男孩進入幻覺，這幻覺是那

樣具體的感動著他、豐富著他，讓他那樣清楚的感覺著這都是真實的事情，是那麼真實的「真」的生活。

所以，多少年來，托爾斯泰始終深深懷念自己的母親，仔細的保護著波良納莊園裡跟母親有關係的一草一木、一條長凳、一件家具……。

所以，當二十四歲的托爾斯泰書寫童年「往事」的時候，他的母親在書裡並沒有「早逝」，而是栩栩如生的帶領著整個家族的故事前行。

除此之外，還有一個故事是深深打動托爾斯泰的。

托爾斯泰的大哥尼古拉講故事的能力和塔吉雅娜姑姑一樣棒。在托爾斯泰七歲那年，尼古拉帶著弟弟們玩一個叫做「螞蟻兄弟」的遊戲，用帷幔把一些椅子遮蓋起來，大家都藏在椅子底

下的黑暗中，能夠感覺到的，就是兄弟之間的溫暖和互相扶持。托爾斯泰非常喜歡這個遊戲，他被手足之情感動得流淚。在黑暗裡尼古拉告訴弟弟們一個祕密，他把一些重要的話寫在一根綠色的小木棍上，有朝一日，這根小木棍被發現，那麼所有的人都可以遠離疾病、遠離憂愁，所有的人都會得到快樂與幸福。

　　人世間竟然有著這麼重要的祕密，它能夠消滅罪惡，它能夠給大家帶來那麼好的生活，那麼豐足的幸福！托爾斯泰問哥哥，那神奇的綠色小木棍在哪裡呢？尼古拉說，他把那小木棍深深掩埋在森林裡，在扎卡斯峽谷旁邊，那地方距離波良納莊園只有一公里的距離！

　　托爾斯泰沒有找到那根綠色的小木棍，疾病與憂愁就沒有法子避免。在關於《童年》的書寫

裡，托爾斯泰懷著強烈的情感書寫母親的離去，那一個章節的題目叫做〈悲傷〉。他這樣寫他對母親最後的凝視，「我望著，感覺著，一個無法理解、無法克服的力量把我的目光吸引到那張毫無生氣的臉上。」但是，他雖然面對著母親蒼白的遺容，腦子裡出現的卻是快樂活潑、笑容可掬的媽媽。眼前的現實讓他冷得渾身發抖，腦子裡的幻想卻是又溫暖又具體的。就是這種現實與幻想的交替讓他精神恍惚，讓他感覺到了真正的哀傷。

會帶來希望的綠色小木棍被掩埋在峽谷裡，而親愛的媽媽卻遠遠的離去了，留下的只有終生的追求和無止境的思念。

快樂的、幸福的童年在「媽媽去世的時候」結束了。

對人類幸福的追求卻是長遠的努力，一直到生命的結束都沒

有終止。托爾斯泰至今長眠在扎卡斯峽谷旁邊，在那裡，掩藏著象徵人類幸福的綠色小木棍。那個地方，溪水叮咚、綠草茵茵，那地方就在波良納莊園的附近。

3 一鳴驚人

　　寫了又寫，改了又改，一直改，整本書改到第四次，托爾斯泰對他的第一本書還是不太滿意，總覺得應該可以寫得更好。他對自己是不是能夠完成一本小說，簡直是連一丁點兒信心也沒有。

　　在 1852 年 7 月 3 日，他終於決定把這本稿子寄給彼得堡的文學雜誌《現代人》，在包裹裡，他附了一封信，收信人是俄國著名詩人，《現代人》雜誌主編涅克拉索夫。當時的《現代人》集合了整個俄國最優秀的詩人、小說家、評論家的作品，是俄國文壇最重要的出版園地。托爾斯泰在信裡是這樣表示的：「……《童年》並不是完整的長篇小說，它的後面最少還應該有《少年》和

《青年》……但是，那些文字是不是有機會問世，完全要看《童年》是否成功……我焦急的等待著您的判決……。」

涅克拉索夫不但是一位熱情的詩人，他也是一位好極了的文學主編。他從來稿當中，看到了一些非常美好的，真正有著俄羅斯風味的書寫。8月29日，遠在高加索的托爾斯泰收到了涅克拉索夫的回信。在信中，主編不但肯定了《童年》的成功，肯定了作者的才華，甚至要求作者把那些準備要寫的稿子將來也都交給《現代人》發表！最後，涅克拉索夫非常懇切的告訴托爾斯泰，他不應該是文壇的「過客」，他應該成為文壇的一員。

涅克拉索夫說到做到，1852年11月，《童年》在《現代人》雜誌刊出！緊接著，一大堆評論文章也都出現了。想想看吧，在

泥濘的戰壕裡，在漏風的茅屋裡，在砲火的硝煙裡，托爾斯泰看著這些讚美的評論文章有多麼感動、多麼高興。激動的熱淚常常讓他喘不過氣來。

他仔細的、再次閱讀被刊登出來的小說，發現其中許多段落被「剪」得亂七八糟。他完全不懂這是怎麼發生的。後來，他才慢慢的知道，發現他的才華的，不止是涅克拉索夫和俄國文壇，同時發現他的才華和「危險性」的，還有沙皇政府的書報檢查機構。就從這個時候開始，這個嗅覺靈敏的機構就注意上了托爾斯泰，他一生所有的作品都被書報檢查機構「剪」過，無一倖免。

初生之犢不怕虎！雖然文章被剪，但是「一鳴驚人」的快樂畢竟是很大的推動力。托爾斯泰在進行長篇創作的同時，也向短篇小說進軍。高加索的生活是多

麼豐富、多麼激烈！以軍隊生活為題材，他寫了《襲擊》，老兵跟菜鳥的互動被他寫得十分生動。最要緊的，是他在小說裡強烈質疑內戰的必要性。1853 年第三期《現代人》刊出《襲擊》以後，涅克拉索夫寫信給著名小說家屠格涅夫，對《襲擊》大加讚美，同時也對托爾斯泰在文學上的遠大前程非常的有信心。

屠格涅夫是 19 世紀俄國文壇的一員大將，他和涅克拉索夫一樣，有著相當痛苦的童年。但是，他是一個非常善良的人，永遠對別人懷著好意。他的作品更是充滿了詩意，後來的人都熱愛他那些美麗的文字，覺得在俄國小說當中，屠格涅夫的文字特別優美、特別秀麗。

屠格涅夫注意到了俄國文壇上出現了一顆耀眼的明星，他為托爾斯泰歡呼，特別是 1854 年 10

月，當托爾斯泰的《少年》在《現代人》刊出的時候，小說家屠格涅夫看得很清楚，作者在寫作這本書的時候，付出了艱苦的勞動。從《童年》到《少年》，托爾斯泰寫作技巧的進步與成熟是那樣的驚人！屠格涅夫高興的預言，托爾斯泰是果戈理的繼承人！果戈理是19世紀初俄國偉大的小說家，好多人都認為是果戈理開創了俄國文學的百年輝煌。這樣的評價是多麼高啊！這評價裡面包含的期待又是多麼熱誠，多麼殷切啊！

托爾斯泰並沒有被「一鳴驚人」的現實弄昏了頭。他越來越

放大鏡 小說家果戈理在史詩一樣的小說《塔拉斯‧布爾巴》裡這樣描寫哥薩克人建立功勳的戰役：這一切都被載入編年史的篇頁了。大家知道，在俄羅斯大地上為了信仰執戈而起的戰爭，森嚴可畏而且不可戰勝。它像一座巨岩出現在洶湧澎湃、瞬息萬變的大海中，它是不可摧毀的，它來自海底深處，筆直的擎向天空，俯視著在身邊奔湧來去的萬丈怒濤。

覺得軍隊的生活對他沒有太大幫助，軍隊生活妨礙他的心情，讓他沒有辦法全心全意寫作。軍隊駐地也離家鄉太遠，他不可能在那麼遠的地方改善家鄉農奴們的生活。他想離開軍隊，就在他提出申請的時候，克里米亞戰爭爆發，俄國對土耳其宣戰了！他不但沒有辦法離開軍隊，而且被調到多瑙河戰區，也就是說，他離開了內戰，卻進入了國際戰爭。

在調動到多瑙河戰區以前，他先回到波良納，和家人見個面。那是 1854 年的 1 月，最寒冷的日子，兩千多公里的冰雪旅途非常艱難。有一天，他在荒涼的頓河草原上遇到暴風雪，馬車在大風雪裡完全迷了路，整整轉了一夜……，在絕望和寒冷當中，他注意到馬車伕，一位農奴，在危險萬分的情形裡所表現出來的複雜性格。轉危為安的時候，他

決定要用這個素材來寫一篇小說，小說在兩年以後才完成。

那兩年對托爾斯泰來講是非常要緊的時間。他先是從家鄉奔波數千公里到了多瑙河戰區的布加勒斯特，雖然前線戰事激烈，但是因為他在司令部工作，所以比較平靜。他有很多時間閱讀，歌德、巴爾扎克、狄更斯、席勒、萊蒙托夫……都感動了他，他不但從閱讀當中學習寫作，更研究那些作者的思想。他也不斷回憶高加索的生活，那種把「戰爭」和「自由」放在一塊兒的經驗是非常奇特的，讓他覺得，將來他一定可以把這些經驗寫成一部好小說，他覺得高加索絕對是一個大學校，對他的信仰影響太大了。

軍隊生活還是老樣子，賭錢、酗酒，亂七八糟。他想，在這種地方做個好人可真不容易！

他很想為軍中弟兄辦個雜誌，格調高些，價錢便宜些。為了籌錢，他讓波良納莊園的管家拆掉、變賣了莊園裡的一幢房子。但是這個叫做《士兵之頁》的雜誌還沒有誕生，就被沙皇政府扼殺了。

他沒有時間為那個雜誌難過，戰爭更加嚴重起來，英國、法國都開始對俄國作戰了。俄國軍隊傷亡慘重，節節後退！托爾斯泰熱血沸騰，他要求調往前線，他的要求馬上被批准，1854年11月，托爾斯泰到了塞瓦斯托波爾前線，擔任十四砲兵旅第三輕砲連連長。

4 戰　爭

　　塞瓦斯托波爾是一個重要的地方，她像一個堡壘一樣擋住來自黑海南岸的攻擊。這裡也是俄國重要的海軍基地，能不能守住這個地方，決定了能不能打贏這場戰爭。所以啊，在這裡的戰爭特別殘酷、特別激烈。

　　托爾斯泰來到了激戰中的塞瓦斯托波爾，他驚訝的發現，人們竟然都在過著平凡的日子，沒有一個人的臉上有緊張或者恐懼的表情！士兵和軍官在街頭散步，店家愉快的做著生意，穿著粉紅色衣裙的小姑娘跳跳蹦蹦的走過。他看到一位軍官坐在小廣場上悠閒的捲菸，就向那軍官詢問「前方」的情形，軍官輕描淡寫的說:「戰況激烈，打得兇啊！」看他捲菸的手法輕鬆自在，看他

的神情這樣子瀟灑，托爾斯泰忽然明白，戰爭是激烈的，但是，這個地方的保衛者和這個地方的老百姓，卻有著一種真正的英雄氣概。他們並不多說什麼，他們就那麼安靜的、沉著的面對著戰爭的真面目，流血、受難、死亡。

　　救護站，在和平時期，曾經是一個高大漂亮的軍官俱樂部。托爾斯泰推開了救護站的大門，撲面而來的血腥味，那些斷手斷腳的軍人，讓他看到了什麼是大規模的戰爭。但是，哪怕在這麼一個痛苦的地方，他還是看到了一種很特別的力量。他和一位斷了一條腿的老兵聊了一會兒，老兵告訴他，自己是怎麼被炸彈「掀」走了一條腿的。托爾斯泰忍不住問他，「那一定很痛！你現在好些了吧？」老兵笑笑，回答說：「痛苦多半兒是因為想得太

多ㄛ！」

　　托爾斯泰覺得這位老兵的話是一個重要的真理，教他體會俄羅斯老百姓最要緊的性格。而且，老兵很愉快的告訴他，自己很快就可以出院了，而且馬上會回到要塞裡去，「少了一條腿，我還是一個出色的砲兵！」老兵還朝他調皮的眨眨眼睛。托爾斯泰就這樣從戰爭的血腥裡，看到了軍容整齊的隊伍、迎風飄揚的旗幟，聽到了激昂的軍樂、咚咚的戰鼓聲，覺得自己成了躍馬前進的軍人當中的一員……。

　　這就是被包圍不久的城市給青年托爾斯泰上的第一一課。

　　這一天的黃昏降臨了，快要下山的夕陽從滿天的烏雲後面跳了出來，一下子射出熊熊的紅光，照亮了城市的白色建築物，也照亮了街上熱熱鬧鬧的人群，軍樂隊在林蔭道上演奏古老的圓

舞曲，悠揚的樂聲在水面上蕩漾，跟要塞上空隆隆的砲聲融合在一塊兒。

托爾斯泰站在夕陽下滿心激動，他知道，一卷真正屬於俄羅斯老百姓的史詩就在這漫天雲霞中展開了。

六個月以後，塞瓦斯托波爾已經被包圍了半年以上，俄羅斯的保衛者還像釘子一樣堅定不移的站立在這塊瘋狂的土地上。戰火和鮮血在要塞裡流淌，要塞的泥濘變成了黑紅色。托爾斯泰只能用瘋狂來形容戰爭的冷酷無情。在這段時間裡，他有了更多的機會觀察在戰場上的貴族們，研究他們的遭遇和他們的心理。

血與火之外，這個城市裡還有鋼琴、熱茶、新鮮奶油和漂亮的公寓，貴族軍官們還是衣著整潔、儀表堂堂，他們在街頭散步，好好的表現著他們各自貴族

身分的派頭。稍稍留意就可以發現，哪怕明天就要犧牲在砲火下，今天他們還是按照階級、按照社會地位帥帥的過日子。唯一不同的，從前，他們接到出發去要塞的命令，會幽默的講上兩句笑話；現在，他們會想到死亡，會希望自己的死亡瀟灑、壯麗、不失騎士風度，和他們的貴族地位相稱。夜間，前方的砲彈像火球一樣在漆黑的夜空中飛過來，飛過去；星星也要等到那些火球熄滅以後才會在天空中閃亮。天亮以後必須上前線的貴族軍官站在街頭，傾聽著前方的喊殺聲，激動的走來走去。因為，幾個小時以後，就輪到他了！他一定不能露出一丁點兒的怯懦！然後他們就要撲向那個地獄。

有一位軍官接到命令，要把新的戰鬥部署傳達到前線，他一邊向前沿陣地出發，一邊想著拿

破崙副官的故事。在一次激烈的戰鬥中，拿破崙的副官到前線傳達了命令，臉色蒼白、搖搖晃晃的回到拿破崙身邊，拿破崙關切問他：「你受傷了嗎？」副官回答：「陛下，請原諒我，我已經死了。」話音未落，副官已經倒地身亡。啊！那就是我，我一定要像那副官一樣英勇！一邊轉著念頭，這位軍官一邊向前線奔過去。

換防了！在要塞堅守了六個月的軍官也是一位貴族，他走出了要塞，安靜得很，他沒有任何的豪言壯語，他神色平靜，而且，他完全沒有要再次走進要塞的願望。這樣的情形，讓托爾斯泰明白，戰爭是一個多麼深刻的力量，它會改變很多東西，它會帶給人那麼大的變化。

激戰！又是激戰！只能看到火球一樣的砲彈，再也看不見星

光！只能聽到砲彈發出的嘶嘶的尖叫，人們無法交談，大家都在想著自己的心事。有人想著還欠著朋友的錢，不知道來不來得及還上？有人在心裡哼著家鄉的小調，不知道還有沒有機會再回家？有人想到心愛的朋友，不知道還有沒有機會再見面？

激戰過後，戰鬥的雙方都掛起了白旗，俄國人和法國人都走出自己的陣地，把戰死的軍人和傷員抬回來。幾百具血淋淋的屍體，有的直挺挺的躺在戰壕後面的草地上，那草地上鮮花盛開，露珠還閃爍著晶瑩的光！死者有法國人也有俄國人。在他們周圍還有幾百位傷兵，嘴唇枯焦，爬行著，折騰著，呻吟著。

可是啊，遠山的上空和平常一樣露出了一抹曙光，星星都慢慢暗淡下去了，黑暗的大海歡唱著，海面上飄起了白濛濛的霧。

終於，一絲絲一縷縷的紅雲在東方遙遠的天邊飄起來了！太陽光輝燦爛的跳了出來！它是那麼熱烈的告訴人們，世界上本來應該有的是歡樂，是愛情，是幸福。

昨天夜裡殺得你死我活的雙方軍官們，這時候互相「英雄」、「好漢」的讚美著對方，交換著菸斗和菸草，說說笑笑……。

托爾斯泰站在陽光下，看著這一切，感覺著戰爭的荒謬，他的心狂跳起來。

短短的白天很快就過去了，夜幕剛剛垂下，白旗統統收了起來，散布著死亡和苦難的大砲再次怒吼起來！新的廝殺又開始了。

托爾斯泰一邊英勇參戰，一邊在心裡一遍遍的、反覆問著自己：這一切究竟是為了什麼？

時間到了 1855 年的 8 月。塞瓦斯托波爾城裡的公寓都被炸光

了，街上已經沒有一家酒館，一家店鋪。看不到女人和孩子，也聽不到音樂聲。這座被圍困了差不多一年的城市在砲聲停息的時候，已經完全的安靜下來了。

　　就在這樣的時刻，還有年輕的軍官從彼得堡那樣繁華、優雅的地方千辛萬苦的趕到這裡來。當初，他們在遠方，聽說了自己的同學、朋友、兄弟英勇戰鬥的事蹟，或者是光榮犧牲的故事，都非常感動，在他們心裡都激起了一波又一波的愛國熱情。他們丟掉了豐厚的收入、丟掉了悠閒的生活，奔向戰場，追求成為「英雄」的理想。但是，他們越接近這裡，他們就會聽到、看到更多戰爭的真實面目，那是個一點兒也不浪漫，一點兒詩意也沒有的，非常可怕的怪物。他們覺得自己的心裡充滿了恐懼，好像連身體也變得矮小起來，一點兒

風度也沒有了。

　　無論怎樣膽顫心驚，他們終於還是抵達了。

　　砲戰在最初的時間裡就狠狠的給了他們一個下馬威，在頭頂上炸響的砲聲，讓他們在黑暗的掩蔽部裡，想起世界上還有「禱告」這件事情。他們靠著向神求援，來得到暫時的安靜。這個時候，他們已經明白，大概今天或者明天就會死去，這樣的恐懼和絕望沒有東西可以安慰，他們只能依靠「遺忘」和「糊塗」。但是，在每一個人靈魂的深處都有一朵高貴的火花在跳動，那火花在緊要的關頭才會熊熊的燃燒起來，把他們變成真正的英雄。

　　很快的，致命的攻擊開始了，新到的年輕人馬上適應了戰場的需要。有人轟轟烈烈，親身體驗到衝鋒陷陣並且英勇陣亡的快樂；有人雖然死得安安靜靜，

卻也心安理得。他們都達到了一個頂峰，他們一生最漂亮、最輝煌的一個頂峰。

　　但是，對於塞瓦斯托波爾來說，最後的時刻到了，先是彈盡糧絕、要塞被占領，然後是接到不戰而退的命令。撤退，像是沒有聲音的黑暗的大潮，波濤起伏著，離開了這個犧牲了那麼多英勇的夥伴的地方，離開了這塊浸透了鮮血的土地。大家在離開的時候，都回頭看著，脫下帽子，在胸前畫著十字。大家的心都沉重得不得了。

　　敵人完全驚呆了，這些頑強的俄國人，他們這樣安靜，他們真的離開了嗎？

放大鏡
　　托爾斯泰談到塞瓦斯托波爾保衛戰，他說：「28日，我過生日那一天，當我目睹火焰圍困中的城市，看到法國的旗幟，甚至看到法國的軍官在我——們——的——要——塞裡走來走去的時候，我哭了……。」

　　托爾斯泰，這位英勇的砲兵軍官，砲兵連名副其實的靈魂，他得到過四級安娜勛章、保衛塞瓦斯托波爾獎章、十字勛章。在硝煙和戰火中他還完成了三部中篇小說：〈十二月的塞瓦斯托波爾〉、〈五月的塞瓦斯托波爾〉、〈一八五五年八月的塞瓦斯托波爾〉，組成了著名的《塞瓦斯托波爾故事》，這部作品把人類戰爭的殘酷和大自然的美好作了最強烈、最鮮明的對比，揭開了俄羅斯戰爭文學嶄新的一頁。

　　涅克拉索夫為二十七歲的小說家大聲叫好。車爾尼雪夫斯基高度評價這部作品的真實，尤其是人們內心活動的真實。屠格涅夫噙著熱淚讀完小說之後，認為這些文字是無價之寶，而且寫信勸告托爾斯泰「您的武器是筆，而不是軍刀。」

　　托爾斯泰小說裡的英雄都是

普通的俄羅斯老百姓，這本書是俄羅斯老百姓的史詩，當然引起沙皇書報檢查機關的注意。這時候，1855 年 11 月，砲兵中尉托爾斯泰也離開了戰場，他正以信使身分走向彼得堡，還沒有來得及脫下軍裝，但是，他已經邁進了新的生活。

5

把自由還給農奴

　　彼得堡，和平的、繁華的、熱鬧的彼得堡。托爾斯泰來了，他的肩膀上還披著戰爭的硝煙，他一步跨了進來，由戰爭跨進了和平。

　　最先對他表示歡迎的就是文壇的朋友們。他從火車站一步就跨進了屠格涅夫的家，屠格涅夫看到他從天而降開心得不得了，不但請他住在自己家裡，而且當天就把他介紹給涅克拉索夫，然後又把他介紹給許多作家朋友。大家看到這麼一位「軍中作家」來到文壇，都非常興奮，讚美著他是一位「熱情、純真、精力充沛的小伙子」。有多少消息需要交流啊！大家熱情邀請他參加所有的聚會，了解各人寫作和出版的大事小事。作家們更是滿懷熱

56

情的請托爾斯泰給大家講講前線的真實情況，並且請他朗讀他自己的新作。

那是一些多麼有意思，多麼溫暖，多麼有創意的聚會啊！

托爾斯泰在最近幾年的閱讀裡，對大批評家別林斯基沒有任何的好感，屠格涅夫非常耐心的向他說明，別林斯基是俄羅斯文學發展的推手，引導他去認真研究「文學評論」這個很要緊的領域。托爾斯泰對赫爾岑這位作家也不怎麼看得上，也是屠格涅夫耐心勸告他，從別人的作品裡學習人家的長處……。

對於一位年輕的小說家來說，這實在是太好、太溫馨的開始，但是托爾斯泰是一個非常不願意「受拘束」的人。他的個性、他的不管不顧的「特立獨行」，很快就把這麼愉快的氣氛完全的葬送了。

　　讓大家都很驚奇，他那麼快就從軍隊的「緊張」裡解脫出來，完全適應了彼得堡「上流社會」的無聊，變得散漫起來。他每天晚上都有宴會和牌局，玩到黎明，然後沉沉睡去，一直到下午兩點鐘……。

　　開始的時候，屠格涅夫苦苦勸他，不要蹧蹋自己的天分！後來啊，看到托爾斯泰根本聽不進去，也就不再勸說了。但是，朋友們都還珍惜他，希望這種荒唐的時期可以很快過去，年輕的作家能夠很快投身創作。直到有一天，托爾斯泰和大家起了激烈的衝突，尤其是他和善良的屠格涅夫之間產生了巨大的裂痕，大家才明白，有些事情實在是很難改變的啊。

　　有些朋友已經發現了托爾斯泰的「刺蝟」性格，勸他「學習傾聽」，甚至勸他珍惜文壇得來

不易的，互相支持的融洽氣氛，勸他不要動不動就把他那些偏激的「與眾不同」的看法「和盤托出」。但是，托爾斯泰根本聽不進去，他不斷和大家碰碰撞撞。

有一天晚上，朋友們參加《現代人》雜誌的一個晚宴，氣氛溫馨、熱鬧，有人談到英國女作家喬治‧桑，對她的作品說了些讚美的話。托爾斯泰突然表示，他「恨」喬治‧桑，甚至要把她書中人物「綁在囚車上，遊街示眾」！大家吃了一驚，還沒來得及做出任何反應，他又開始大聲抨擊大家都很喜歡的莎士比亞！

大家都被托爾斯泰的激烈和肆無忌憚激怒了，連好脾氣的屠格涅夫和一直幫助他的涅克拉索夫也受不了啦！大家紛紛表示了他們對托爾斯泰的不滿，他們直接指出托爾斯泰完全不肯去了解

歷史與傳統，他們也強烈感覺到這年輕人「缺乏教養」、「言語惡俗」。晚會不歡而散。

　　雖然事情是這樣的糟糕，讓人不知道要怎麼辦才好，但是，19世紀的俄羅斯文壇還是非常溫暖的，大家都覺得托爾斯泰是好的、天才的小說家，都覺得托爾斯泰還年輕，他的火爆脾氣大概跟他的戰場經歷有關係，都原諒他，都繼續幫助他。

　　1856年的5月，托爾斯泰決定做些「真正有用」的事情，回到他的家鄉去，他要在那裡「把自由還給農奴」！他制訂了完整的計畫，他決定「免除農民對地主的一切徭役貢賦，將土地交給農民使用，每一戶可以分到4.5俄畝（1俄畝等於109公頃），其中半俄畝完全免費，剩下的4俄畝共計600盧布，由農民在三十年裡分期付款。如果農民『欠錢

不還」，地主可以收回部分土地，或者農民可以『做工補償』。」

他回到了波良納莊園，馬上召集村民大會，告訴農奴們他的計畫，請他們在合約上簽字，「簽了字你們就是自由人啦！」他開心得很，以為大家都會熱烈響應。沒想到，農奴們根本不相信這位「老爺」的種種計畫，覺得他根本是「別有用心」。農奴們相信，要不了多久，沙皇就會下令廢除農奴制，那時候，根本不用簽什麼合約就可以變成自由人。他們根本不肯接受托爾斯泰的「好意」，所以啊，托爾斯泰的全盤計畫就落了空。

沒有辦法，他只好承認改革失敗，至於為什麼失敗，他想那只是「時機尚未成熟」而已，只好暫時接受這個結果，出國去轉一圈再說。

　　1857 年初他來到巴黎，和巴黎人狂歡之餘，住在巴黎的屠格涅夫不計前嫌，又為他張羅，安排他和法國作家梅里美等等一大票文化人見面、吃飯、聊天。托爾斯泰在巴黎的日子過得快樂似神仙，而且覺得法國「社會的自由」比俄國棒多了。但是，到了 4 月，一件事情發生了，讓他對巴黎的觀感徹底改變。

　　這一天他在巴黎廣場上看到了「機器斷頭臺」，這架機器非常「雅致」，看起來一點也不猙獰，但是它能夠在一秒鐘裡讓人「身首異處」！據說，這架機器還要使用好多次，因為有人「要刺殺拿破崙三世」，這些人都要陸續上斷頭臺！這是什麼樣的「社會的自由」啊！那麼醜陋、那麼殘酷、那麼虛偽！他失望極了，很快離開了巴黎，走向其他的歐洲國家。

　　不管托爾斯泰對西歐的社會有著什麼樣的批評，他心裡不能不承認，比較起還存在著農奴制的俄國來講，西歐是進步的，其中可以學習的地方還不少呢！尤其是在德國，在一個小城裡，他看到了幾個很有趣的學校，這些學校和刻板的「主流」教育方式很不一樣，他覺得那些學校所教授的有用的課程，老師們和藹可親的態度，學生們的快樂情緒，都是讓他自己非常嚮往的，就很想把那麼有趣的學校「搬」到自己的家鄉去，就很想在自己的莊園裡創辦一個專為農民子弟設立的學校。

　　他想到了自己「求學」的時候，那些快樂的和不快樂的經驗。

　　最早的時候，他在自己家的波良納莊園裡和哥哥們一起唸書。老師是請到家裡來的，一位

相當可愛的先生。可是，父親覺得孩子們長大一點以後，就應該離開「窮鄉僻壤」，出去「見見世面」。於是，在他八歲的時候，不得不離開家鄉，離開熱愛他們的塔吉雅娜姑姑，搬到住在莫斯科的外婆家去，老師也換了，換成一個可怕的法國人！想到那個傢伙，托爾斯泰就非常的可憐自己。

十六歲那一年，他憑著馬馬虎虎的考試成績進入喀山大學東方語言系。剛開始的時候，當然新鮮、有趣，這麼好看的新制服，這麼多的新朋友，這麼高大、漂亮的學校！但是，要不了多久，他就感覺到學校的教育是那樣的無聊，他不再對「語言」有興趣，他開始喜歡哲學，後來甚至開始喜歡法學，又過了一段時間，他就明白，他不可能學會這門高深的學問。那時候，他是

多麼沮喪啊！

現在，站在柏林街頭，托爾斯泰回想自己的大學生活，覺得唯一的、最要緊的收穫就是養成了寫日記的習慣，這個好習慣對他的寫作有著巨大的幫助。但是，唸大學不是靠寫日記就可以畢業的。他沒有把大學的課程唸完，在入學三年以後，他就主動的退學了。

到了晚年，在他最棒的小說《復活》裡，用小說男主角的話把他退學的理由說了出來，「他離開大學，沒有學完課程，是因為他認定，大學裡沒有什麼可學的，學過的那些課程都沒有什麼要緊。在考試當中複述它們不但無用，而且簡直可恥！」至於大學裡那些著名的教授，他覺得這些人根本連一點兒遠見也沒有！跟著他們「學習」，簡直是浪費時間。

　　可是，現在，他卻要從歐洲回國了，他要給他莊園裡的農民子弟辦一所「有用」的學校！他馬上啟程，回到了俄國。

　　他回到家鄉之後，幹勁十足，首先是動手整理莊園的經濟情況，他把莊園的林地面積擴大，種植了好多的樺樹、雲杉和松樹。這麼一來，他的林地就從一百七十五俄畝增加到四百五十俄畝。他也努力發展畜牧業，希望將來，他的收入主要來自林業和畜牧業，可以大大減輕農民們的勞動。

　　第二件事情就是繼續寫作，現在，他是一個有一點名氣的作家了，他當然希望他的作品可以源源不斷的受到讀者的歡迎、文壇的好評。他把他在歐洲的旅行經驗寫成小說，結果呢，完全和他的期望相反，來自四面八方的評語都沒有什麼好話，簡直是糟

糕極了。

　　至於他「改造莊園經濟」的工作，也不可能在這麼短的時間裡，出現讓他滿意的結果，只有「辦學校」這一件事情帶給他很多的快樂。

　　1859 年的秋天，托爾斯泰在雅斯納亞‧波良納開辦了農民子弟學校。開始的時候，農民都不相信這是真的。

　　「老爺讓窮孩子免費上學？這是可能的嗎？該不是一個騙局吧？」

　　「沒準兒，老爺想討好皇上，把孩子們加以訓練，送到前線去挨土耳其人的槍子兒吧？」

　　大家抱著觀望的態度，瞧著托爾斯泰到底想幹什麼。

　　他不慌不忙的把學校辦起來了，校舍就設在莊園裡一棟兩層樓的樓房裡，有兩間寬敞的教室、一間小小的辦公室和教師的

休息室。樓下安置了體育器材，樓上還安排了有趣的「工作坊」。看到他這樣熱誠的要做這件事，有些農民就決定「試一試」，把他們的孩子送去上學。

開學這一天，學校門口掛著的一口小鐘悠然響起。

二十二個學生很拘束的走進學校，他們簡直不知道在這麼乾淨整齊的地方，手和腳應該放在什麼地方。

托爾斯泰親切極了，跟孩子們有說有笑，他把他們分成大、中、小三班，課程包括閱讀、寫字、作文、算術、畫圖、唱歌和講故事。課程是這樣的輕鬆愉快！托爾斯泰講的歷史故事和戰爭故事是那麼有趣、那麼激動人心！孩子們奔相走告，「學校」成了孩子們最嚮往的地方！很快的，學生人數增加到七十多名。

托爾斯泰請來的老師都是些

親切的人，他們非常有耐心，學生們和老師們成了好朋友。托爾斯泰還安排一些學生住校，他和這些學生一塊兒吃晚飯，飯後大家輪流朗讀，內容都是文學類的作品，像《魯濱遜漂流記》這樣的好故事。這些溫暖的、美麗的夜晚讓孩子們記憶深刻，好多年以後，他們還記得那些讀書、聊天的夜晚。最要緊的是，不管他們長大以後從事什麼樣的工作，他們一輩子都愛上了閱讀，書本成了他們最最要好的朋友。

托爾斯泰甚至舉辦數學和作文競賽。他把「正規學校」的學生請來，和他自己的學生們當場較量算術和讀寫的能力。結果，他的學生們大獲全勝！就在這些歡樂的日子裡，他有了一個興辦「國民教育」的想法，他期待向全國推廣波良納莊園農民子弟學校的成功經驗，他甚至去和教育

部商量，看看能不能開辦教育雜誌，組織「國民教育協會」，來把教育這件事情辦好。

他再一次出國，到德國、法國、比利時、英國、義大利去，他要再次考察這些西方國家整個的教育情況，看看能不能找到更好的辦法改善俄國的教育。

1861 年 2 月，沙皇政府宣布廢除農奴制，托爾斯泰正在國外，他馬上日夜兼程趕回家鄉，到家的當天晚上，他就向農民們宣布，他們正在耕種的土地屬於農民所有，除此之外，他自己還要送一塊土地給農民，用來改善他們的生活。他甚至還自告奮勇擔任「和平調解人」的職務，解決農民和地主之間的糾紛。在做這件事的時候，他多半都站在農民這一邊，維護農民的利益。結果怎麼樣，我們當然猜得到，農民們欣喜萬分，貴族地主們卻對

他恨之入骨，不斷向沙皇政府密告托爾斯泰的「背叛」行為。

托爾斯泰根本不管這些壞傢伙們說什麼，做什麼，他快樂得很，忙著和他的學生們一塊兒發展他心愛的教育事業。

但是啊，托爾斯泰就是這麼一個非常矛盾的人。他的生活裡永遠有快樂，也永遠有不快樂，他常常會忽略別人的感覺，傷害到別人的感情，而做出很驚人的事情。

1861 年的 5 月，托爾斯泰和屠格涅夫之間發生了劇烈的衝突，這個衝突是這麼嚴重，使得這兩位文學家斷交整整十七年。

我們都知道，屠格涅夫是多麼喜歡托爾斯泰的好的作品，多麼高興這樣一位文學新星出現在俄羅斯文壇，但是，年輕的托爾斯泰卻對同時代的作家的作品沒有什麼興趣，對他們的生活沒有

什麼了解，他常常隨便說話，隨便指責別人，結果就造成了沒有辦法彌補的傷害。

5 月 25 日，在屠格涅夫家裡，酒足飯飽之後，屠格涅夫朗誦自己的新作〈父與子〉，托爾斯泰居然打起瞌睡來。屠格涅夫雖然心裡很不舒服，但是他是一位有教養的紳士，覺得對方也有權利不喜歡自己的作品，不但沒有表示不滿，隔天還是按照原計畫與托爾斯泰一道去拜訪文友費特。

5 月 27 日早上，費特夫人很關心的問起屠格涅夫的女兒的情形，身為父親，屠格涅夫告訴費特夫人，十九歲的女兒非常關愛貧苦的人，不但捐錢做慈善事業，也親自動手去改善貧苦人家的衣食住行……話還沒有說完就被托爾斯泰冷冷打斷，他譏諷屠格涅夫的女兒是在「做戲」，是

假惺惺……。

他完全忘記了一些最基本的事實。

他自己的母親是一位體恤農奴的善良人，而屠格涅夫的母親卻是堅持農奴制的專制魔王，屠格涅夫從小就和莊園裡的農奴們一起受到這個女魔頭的折磨。

他自己小小年紀的時候，父母雙亡，他很年輕就繼承了波良納莊園，成為青年地主，成為農奴眼睛裡的「老爺」，所以他在1856年想把自由還給農奴的時候，農奴們根本不相信他，拒絕了他的美好計畫。屠格涅夫卻是在農奴們的愛護下長大的，到了1850年，他三十二歲的時候，女魔頭去世，他才有機會掌管莊園，而且，他馬上就把自由還給了農奴，比沙皇政府廢除農奴制提早了整整十年，也比托爾斯泰將土地分給農奴提早了十年！最

要緊的就是是，屠格涅夫從小受壓迫，是農奴們的「自己人」。這一點，是托爾斯泰沒有認真想過的。

屠格涅夫的女兒正是農奴的後代，一出生就受到無數磨難，雖然屠格涅夫千方百計將孩子送往巴黎，給孩子相當好的生活條件，但是，這個孩子和屠格涅夫本人一樣，與生俱來站在受壓迫的勞苦大眾一邊，絕對不是後來托爾斯泰眾多的孩子們能夠比擬的！托爾斯泰對這個女孩的譏諷當然激怒了女孩的父親屠格涅夫。

至於沙皇政府對待屠格涅夫，也比對待托爾斯泰嚴屬得多。早在 1852 年，屠格涅夫就因為寫文章悼念果戈理而被沙皇政府逮捕，遞解回鄉，並且將他軟禁在家鄉的莊園裡。對於屠格涅夫來講，文友之間的聲援和支持

絕對是戰鬥，絕對不是什麼「做戲」！

屠格涅夫的憤怒我們可以想像，事情鬧到幾乎要決鬥的地步，他們之間的友誼當然就中斷了。

一直要等到好多年以後，托爾斯泰才完全明白，他傷害了一位多麼善良的好人！這個人甚至在絕交之後還在向西方世界介紹自己的作品！

托爾斯泰在 1878 年主動寫信給屠格涅夫，期待和解。屠格涅夫馬上接受了他的友誼。五年以後，這位善良的文學家去世了，他生前寫的最後一封信卻是給托爾斯泰的，在信裡，他還在提醒托爾斯泰，要做

 放大鏡

俄羅斯大詩人萊蒙托夫曾經在詩句裡描寫「狐帆」：

不安的
祈求風暴
似乎在風暴中才能找到安詳！

萊蒙托夫好像是預見到了托爾斯泰與朋友之間的不幸，而且找到了原因。

一位專業作家，要把一生獻給文
學事業。

　　托爾斯泰終於明白，自己永
遠的失去了一位多麼珍貴的朋
友、一位多麼了解自己的領路
人。

6 黃金時代

　　雖然，在家鄉興辦學校是那麼讓人高興的一件事情，但是，就好像天下其他的事情一樣，總有慢慢結束的一天。老師們陸續的離開了，而托爾斯泰也逐漸的被別的、更要緊的事情吸引住了，他的生活發生了很大的改變。

　　他在 1862 年的時候，和十八歲的索菲婭·安德列耶夫娜·貝爾斯結婚了。索菲婭的母親是托爾斯泰的老朋友，兩家人一向是常常往來的。索菲婭的父親貝爾斯先生是一位宮廷醫生，有著相當顯赫的社會地位。如果用東方人的看法來形容的話，這個婚姻應該說是「門當戶對」啦。

　　索菲婭從小生活在莫斯科，生活在大都市裡。現在，她告別

了親人，搬到了波良納莊園，腰上繫著大串的鑰匙，書桌上攤放著大堆的帳本，她成了巨大莊園的女主人，生活的內容大大改變了。可是啊，索菲婭適應得快極了，在塔吉雅娜姑姑的幫助下，她不但很快就成了一位非常有辦法的莊園主人，而且她在結婚以後的第一個十年裡，就生了七個孩子，這些孩子帶給了托爾斯泰很多很多的快樂。

生活是這樣的安定，在結婚以後這長長的十年裡，托爾斯泰很少出門，他在莊園裡過著安安靜靜的日子，他的家庭非常和睦，溫馨得不得了，這在當時可以被叫做「知識分子型的，俄羅斯莊園貴族」的生活。用托爾斯泰的話來說，他那時候擁有的是「最好的生活條件」，他就在這個最好的生活條件裡埋頭寫作。

先是中篇小說《哥薩克》和

《波里庫什卡》的寫作與出版。《哥薩克》這本書前前後後一共寫了十年，高加索的風土人情被他描寫得栩栩如生，一出版就轟動，也就理所當然啦。

《波里庫什卡》這本書有所不同，用今天的話來說是一本「心理小說」。波里庫什卡是一個農奴，從來沒有錢，最糟的是，他還有「順手牽羊」的習慣，在鄉間就比別的農奴更加被人看不起。他的女東家卻很同情他，希望給他一個機會，來證明他是一個靠得住的好人。

小說非常細緻的描寫了波里庫什卡一家人的生活，在那麼寒冷的地方，孩子們完全沒有足夠的衣服保暖，他們光著腳繞著他們小小的石頭房子奔跑，用這個法子來取暖。衣服的破舊甚至變成了一個重大的原因，讓這一家人陷進了絕望之中。托爾斯泰很

自然的運用了這個線索，把這個沉重無比的故事講了出來。

　　女東家派波里庫什卡去取一大筆錢，希望他能順利辦好這件事。其實，他和妻子更希望能夠順利、圓滿的達成任務，要知道，那對於他們來說，實在是比金錢還要重要啊。

　　波里庫什卡把家裡所有的衣服都穿上了，他的妻子把他的破帽子補了又補。他趕著馬車上路了，取到了錢，仔細的塞進帽子裡，帽子又戴在了頭上，他覺得這下子絕對是萬無一失啦。

　　他滴酒未沾的趕車回家，到了家才發現，帽子實在是太破舊了，舊的洞補好了，新的洞卻又出現了！錢裝在信封裡，封得結結實實，外邊還貼了火漆，竟然從帽子的新破洞裡掉了出去，不知道掉在哪裡了！他奔回去找，沒有找到！他再也沒有任何辦法

證明自己的清白，只好用一根繩子結束自己的生命，在一切都結束以前，他還把身上的衣服折疊得整整齊齊放在旁邊，留給他的家人……。

悲劇還沒有結束。錢確實是掉在路上了，被人撿到了，送還給女東家，但是對波里庫什卡的家庭來講，已經沒有什麼幫助了，他的妻子被驚嚇得瘋了，連最幼小的孩子也在全家的慌亂裡意外的溺死了。

一個窮苦而善良的農奴家庭就這樣被粉碎了。那頂破舊的、無論怎樣縫補都沒有辦法保持完整的帽子，那樣沉重的落到每一位讀者的心裡，讓大家去想一想，這樣子的一種生活，它葬送的不只是一家人，它葬送了他們所有的希望、他們美好的感情，那是比死亡更加深沉的悲哀。

小說出版，文壇大聲為托爾

斯泰叫好。但是，他完全聽不見，他正全心全意的努力工作著，他進入了一個巨大的工程，他在寫一本大書，這本書的題目叫做《戰爭與和平》。

　　早在 1856 年，沙皇政府就決定讓「十二月黨人」從西伯利亞流放地返回家鄉。那時候，托爾斯泰就想寫一部小說來描寫十二月黨人的故事。他從他們流放回來開始寫，覺得不夠好，又重新開頭，從他們 1825 年起義的時候開始寫，還是不對勁，他必須要回頭描寫這些人的青年時代，這一下子就找到了重點，他的筆落到了 1812 年，俄國抵抗拿破崙進攻的衛國戰爭時代。那是一個光榮的年代。但是，光榮可不是從天上掉下來的。光榮是從失敗和潰敗當中一點一點成長起來的。托爾斯泰再次重新開始，從 1805 年的歷史寫起，那一年，俄國和

奧地利的聯軍在奧斯特里茨戰役被拿破崙統率的法軍擊敗。這樣一來，《戰爭與和平》包括的年代從 1805 年到 1820 年，把戰爭由失利轉向勝利的過程描寫出來，也把十二月黨人一步步走向「造反」之路的過程描寫了出來。

小說不是先有了大綱再一步步去書寫的，而是在大量的研究歷史資料之後，「寫心裡要寫的東西」！在這麼一種情形下，不斷的改變、不斷的丟掉前面的成果，重新開始，就變成了整整五

放大鏡

拿破崙進攻莫斯科以前，與法軍在戰場上逮到的一個俄軍勤務兵，有一場有趣的對話。關於這個小插曲，有兩種完全不同的版本。

一、法國史學家梯也爾這樣描寫，「這名勤務兵不知道和他談話的是什麼人，因為拿破崙十分樸素，這個東方頭腦怎麼也不會想到皇帝就在他身邊，只是隨便而親熱的談著戰局。」

二、據說，這勤務兵一落到拿破崙手裡，頓時就認出對方是誰。他一點也不慌，高高興興說些拿破崙喜歡聽的話。拿破崙果然開心，放了那勤務兵，「讓他像鳥兒一樣飛回田野」。

哪一種說法是真實的呢？

年的寫作工程中最大的特點。所以，在留存下來的五千多頁手稿裡，單單是開頭的部分就有十五種之多。

在這個大工程裡，妻子索菲婭的功勞是很大的。她除了安排一家人的生活以外，每天晚上，她都坐下來，把托爾斯泰寫得一塌糊塗的手稿用漂亮、工整的字體謄寫得清清楚楚。第二天早上，托爾斯泰走進書房，抄寫好了的稿子已經放在書桌上了。當然，幾分鐘以後，這些稿子又被刪改得一團亂，於是到了晚上，索菲婭還要再重新來過。仔細算下來，整本書被索菲婭整整抄寫過七次之多！這是一本巨大的書，翻譯成中文，由臺北木馬文化出版的版本就是四巨冊，一共將近一千六百頁。

索菲婭會不會覺得厭煩呢？一點兒也沒有！她非常高興，她

是這部大書的第一個讀者，而且她每天跟著托爾斯泰的思路，看那五百五十九個人物的性格、命運發生著意料之中或者完全意外的改變。對於年輕的索菲婭來說，實在是好玩得不得了的經驗。

在這種強而有力的支持下，《戰爭與和平》應該說是進展相當順利的。開始的時候，準備要寫的幾個貴族家庭的歷史，慢慢的變成了整本書的背景，真正的主角們慢慢的浮現出來了，他們是俄國的老百姓，帶著俄羅斯人的幽默、善良、小小的狡猾、豪放、耿直，奔向危險和死亡，去拯救自己的國家。

最後，1869年，整本書完成的時候，托爾斯泰這樣告訴我們，這本書不是傳奇，不是史詩，尤其不是歷史紀實。

那時候的人和現在的人一

樣，喜歡「對號入座」。讀者們不斷從小說裡「找到」某某人的影子，然後把它變成街談巷議的「八卦」。托爾斯泰明明白白的告訴大家，藝術家和歷史學家是完全不同的，歷史學家認為最重要的「史實」，在藝術家的眼睛裡卻常常是最不真實的東西。

那麼真實的東西是什麼呢？就是生活本身，就是藝術家能夠感覺得到的生活的各個方面，就是人們，不同階層的人們心裡的感覺，以及他們表現出來的最具體的行動。

小說就是用最具體的細節組織起來的，這些細節那麼生動的還原了一個時代，讓我們真實的感覺到偉大的人和平凡的人創造出的那樣一個光榮的時代，那樣的輝煌，而且那樣的真實，就好像發生在我們身邊一樣。

托爾斯泰在說故事的時候，

從來不會把故事徹底的說完，他總是在故事進行到一定程度的時候，悄悄的結束了某一章，讓我們可以繼續把故事「編」下去，用今天小說家們常用的一句話來說，就是留下了足夠的「想像空間」，這麼一來呀，讀者也就參加了作家的創作活動，我們就好像當年索菲婭抄寫稿子一樣，每天都讀得驚喜連連。

　　寫這樣一部書需要的時間、精力和毅力都是非常驚人的。最要緊的就是絕對不能停，一定要持續的寫下去，就好像跑馬拉松一樣，中途停了下來，就很難跑到終點啦。但是，人不是機器，人會碰到各種問題，這個時候應該怎麼辦呢？

　　有一年秋天，正是寫到要緊的關頭，有一天，托爾斯泰帶了幾條獵犬出門散心。他騎著一匹年輕的快馬，名字叫做米什卡。

忽然，從田埂下面竄出一隻胖嘟嘟的灰兔，托爾斯泰放開獵犬，叫了一聲：「追！」說時遲那時快，米什卡像離弦的箭一樣「射」了出去，哪裡想到，不遠處就出現了一條又深又寬的溝渠，米什卡沒有經驗，飛身就跳，結果栽進了溝裡，托爾斯泰的右臂被壓在米什卡身下，痛得昏了過去。等到他清醒過來，米什卡和獵犬們都走了，回家「報信」去了。托爾斯泰忍著痛爬出深溝，這才被趕來的農民們救回家去。

請來的兩位醫生，醫術都不大高明，折騰了好久，「手術」做得不怎麼樣，托爾斯泰躺在床上一個多月，右手還是不能動。沒有辦法，只好到莫斯科去，再做一次手術，把骨折的部位重新正位。因為手術，他不得不在莫斯科住上一段時間。

右臂吊著繃帶，托爾斯泰只

好用「口授」的方式繼續寫作。為他做記錄的女孩在六十年以後，還記得那些和托爾斯泰「一起工作」的情景：「……他的臉上流露出聚精會神的表情，他用左手托著受傷的右手，在房間裡走來走去。他根本不看我們，只是在說他要我們寫下來的東西，中間不時夾雜著許多命令的字眼，像是『糟糕！』、『刪掉！』等等，急切得不得了。常常一邊說一邊改，改了再改，激動萬分，非常可怕！有的時候就很順利，他平靜的滔滔不絕，很可惜，這種時候很少很少……。」

這本巨大的書就是這樣一頁又一頁的被寫了出來。

《戰爭與和平》問世，在俄國文壇引起熱烈的迴響，小說的偉大、真實和平靜讓作家們非常感動。1879 年，小說的第一個全譯本法文本出版了，最積極的推

手正是居住在法國的屠格涅夫。
小說很快在很多國家廣泛流傳，
被稱做「當代文學界的驕傲」。

7 黑暗中，
一顆明亮的星

　　19世紀60年代末，托爾斯泰工作得非常非常緊張，他正在日夜不停的閱讀大量的資料，開始構思一部新的小說。他深深覺得，俄國的現實生活就好像一個巨大的謎團，謎底卻藏在彼得大帝的時代。他看了很多很多的歷史書，看得頭昏腦脹，看得心情大壞，看得精疲力竭。

　　家人都勸他出門去走一走，正好，那時候他正計畫在平扎省買一個莊園，於是就放下書本，出門去辦這件事。

　　在路上，他在一個叫做阿爾扎瑪斯的小城市過夜。旅館房間整齊、乾淨，橡木地板擦洗得非常清爽。他想，在這麼一個溫暖、舒適的地方，一定可以休息得很好。

沒有想到，夜裡兩點鐘的時候，他被強烈的憂愁和悲傷震醒了，他渾身發冷的感覺到從來沒有體驗過的恐懼。不是砲彈的尖嘯，不是病痛的折磨，不是工作不順利的時候產生的壓力，不是鄉間大旱災在心裡湧起的焦慮，不是看到社會不公平引發的憤怒，也不是孩子夭折帶來的心痛。

他清清楚楚「看見了」床前站著一個人，這個人灰白的臉上凝著冰冷的笑容，他伸出枯樹枝一樣的手指頭，指向托爾斯泰，告訴他，「大限已經到了」。

他懂了，這個灰白的人是死神。

「……可是，我身強力壯，我還只是個中年人，我有幸福的家庭，有年輕的妻子、幼小的孩子，我的寫作事業正在巔峰，我還有那麼重大的題材，還沒有來

得及寫……」他動著嘴唇，希望說出他要「活下去」的理由，但是他發不出聲音，他沒有力量請求死神高抬貴手。

他忽然明白，他是多麼期望可以活下去，他有活下去的權利啊！但是，死神隨時可以來到他面前，隨時可以不動聲色的將他的性命取走，他是一點辦法也沒有的！絕望像狼一樣啃嚙著他的心，他痛苦得昏睡過去。他最後的那個清醒的意識告訴他，他結婚以後，那個溫馨的、幸福的、美滿的日子已經結束了，今後他再也不會忘記這個恐怖之夜。

果然，這個「阿爾扎瑪斯的憂傷」再也沒有離開他，他想用一篇小說來結束這個可怕的經驗，題目叫做「狂人札記」。但是，他在後來的三十年裡都沒有能夠完成這篇小說。而且，就從這一個恐怖之夜開始，他內心裡

掀起了一個巨大的風暴，這個風暴也是三十年沒有止息，一直到他離開這個世界。

托爾斯泰沒有去買那個莊園，他垂著頭回家去了。他知道，他已經有了很大的改變，他的心已經走進了深深的憂傷和恐懼當中，任何人都幫不了他的忙。

為了趕走心裡的黑暗，托爾斯泰整天在太陽底下曝曬，他穿著布衣布鞋和農民一起翻土、耕種、鋤草，這種汗流浹背的生活為他帶來了一些平靜。他在給朋友的信裡這樣說道：「……感謝上帝，這個夏天我變得像一匹馬一樣傻呼呼的，整天勞動，挖啊、掘啊、割啊，至於那個討厭的文——學和文——學——家，謝天謝地，我整個兒丟到腦袋後邊去啦。」

這樣說說當然是痛快的，可

是太陽下山以後，在那些讀書的夜晚，聽著窗戶外邊的風聲，他又陷進了深深的思考，許多的構思又在腦袋裡跳躍不止。他不但閱讀歷史，也閱讀叔本華和康德的哲學著作，閱讀莎士比亞、歌德、莫里哀、普希金和果戈理的作品，他甚至熱心的學習博物學、物理學和天文學。他研究的最多的還是彼得大帝的時代，好多時候，他覺得，他差不多就要抓住那一本長篇小說最重要的環節了。但是，那些環節就那麼輕輕的，連一點聲音也沒有的，從他的手指縫裡溜走了。

1870 年的深秋，秋風瑟瑟，他累得半死，提起筆來寫信給他的朋友，「……我很煩悶，什麼也寫不出來，可是卻工作得苦極了！文學是我不得不耕種的土地，但是這個深耕備種的工作卻實在是太艱苦了。我面對的是一

部巨大的作品，裡面的人物和故事，有著無數可能的組合方式。其中只有百萬分之一，將來也許會被我放進書裡，您想想看，這是怎樣可怕的工程！」

托爾斯泰想，他一定得想個法子，先從人類偉大的史詩裡學到一些東西，再來完成這部「可怕」的作品。荷馬史詩《伊里亞德》和《奧德賽》是第一選擇。但是，讀翻譯本嗎？翻譯本和原文絕對是有區別的！他用「山泉」來形容原文著作，用「蒸餾水」來形容翻譯本。如果不想喝淡而無味的蒸餾水，想嘗嘗泉水的清洌、甘美，只有一個辦法，就是學會古希臘文。

他馬上請來一位老師，在三個月裡，他白天、晚上苦讀，連做夢講夢話都是古希臘文。這座「山頭」就這麼被他攻下來了。他只花了三個月的時間，就熟練

掌握了古希臘文，可以輕鬆自如的閱讀荷馬史詩了。

有一次，他正好到莫斯科去，為了檢驗一下自己掌握古希臘文的能力，他跑去和一位希臘文教授一塊兒來讀一本希臘文的書，對書裡的幾個地方，他和教授有不同的看法，教授與學者們討論，結果居然是托爾斯泰的理解比較正確！這太嚇人了！大家都驚訝得不得了，不明白一個只唸了三個月書的人，怎麼可以超過唸了幾十年書的教授！

其實，語言之間是有很多關係的，東方人說「舉一反三」就是這個道理。托爾斯泰精通好多種語言，除了法文、英文、德文、教會使用的斯拉夫文、拉丁文以外，他還能閱讀義大利文、波蘭文、保加利亞文、塞爾維亞文、烏克蘭文和捷克文。他能讀這麼多語言的原文書，大半個世

界的文化寶庫，就在他的書房裡向他打開了大門。他在這個好玩得不得了的世界裡，找到了好多寶物。

多少民間故事啊，多少童話啊，多少歌謠啊，多少寓言啊！它們來自不同的語言，不同的文化，不同的風俗習慣，它們那麼美麗、那麼樸素、那麼有趣！托爾斯泰馬上把這許多素材放進一套《啟蒙課本》裡，變成孩子們的書。他覺得，孩子們讀的書一定要有趣，要寫得清楚、明白，讓孩子們讀得津津有味。

我們的托爾斯泰為親愛的小讀者一共寫了六百二十九種作品，其中有一部分就是他苦學古希臘文的成果。

他那部描寫彼得大帝時代的書卻一點兒結果也沒有！他給朋友寫信，「……我正在研究的這個時代真夠嗆，問題一籮筐，可

是謎底在哪兒呢？好像只在幻想裡！靠幻想怎麼能夠寫出好東西來呢？」

　　他慢慢的被當時劇烈動盪著的、躁動不安的現實生活吸引住了，他注意到了一個永遠新鮮的題目──家庭。家庭就是社會的縮影，從家庭的問題我們可以看到文化方面非常深刻的變化，家庭對很多很多人來說，是他們的夢想，是他們的希望，也是他們的痛苦和失望。

　　所有的準備工作都要等到一個合適的地方出現，也要等到一個重要的時間來臨。這個時間到了，才會出現結果。

　　19世紀70年代初期，雅斯納亞‧波良納莊園裡出現了一個修建工程。托爾斯泰在老房子的一側擴建出來一座兩層高的樓房，樓下有一間帶陽臺的大房間，這間屋子就是托爾斯泰的新書房，

除了書櫥以外，一張巨大的核桃木書桌，一張皮面長沙發是這個屋子裡最要緊的兩件家具。

長沙發面對著窗戶，窗戶外邊有草坪、花壇、水池和樹林，景色棒極了。托爾斯泰常常坐在那兒看書，看累了，就看著窗外的景色，讓眼睛休息休息。

有一天，一個普普通通的日子。冷颼颼的黃昏，窗外的積雪還沒有融化，光禿禿的樹枝在夕陽裡閃著光。他坐在新書房裡看書，覺得非常疲倦，眼睛怎麼也睜不開了，上下眼皮一直在「打架」。他掙扎著掙扎著，想再看一會兒書，卻怎麼也抵抗不住疲倦，只好闔上書，在長沙發上躺下來。眼看就要睡著了，就在這似睡非醒的時候，他看見了一隻非常美麗的手臂，那隻手臂似乎在輕輕搖他，希望他不要沉沉睡去。然後他看見了搖他的人，一

個非常美麗的女子。女子的眼睛裡盛滿了痛苦，淚水盈盈，她用眼睛告訴我們的小說家，她要講出她的祕密，她要告訴小說家她自己的故事。托爾斯泰完全醒了，坐了起來，和那美麗的女子面對面好久。那女子並不出聲，只是用她的眼睛「講述」她自己的故事……直到天色暗了，管家走進來點燈，看到托爾斯泰和平常一樣，正在欣賞窗戶外邊的暮色，就和他聊了幾句，說了說天氣的事情。管家絕對沒有想到，就在這間安安靜靜的大書房裡，剛剛發生了一件很奇妙的事情。

托爾斯泰從來不相信世界上有「靈感」這樣的東西，他的寫作靠的只是勤奮，只是用功，只是堅持不懈。現在，他還是不相信「靈感」，他只是覺得，有這樣一個陌生的女子，正在告訴他一些不能大聲講出來的故事，他

覺得，這是非常真實的一件事情。在後來的一些日子裡，他又在暮色中和那女子「對話」，他們沒有聲音的「交談」，沒有引起任何人的注意。托爾斯泰完全是平常的樣子，他只是用很平常的語調告訴他的妻子索菲婭，他長時間的準備工作有了結果，他新的作品的主角將是一位上流社會的美麗女子，她的位置一旦確定，別的角色也都可以一個一個找到合適的位置了。索菲婭很高興，把這個好消息寫在 1870 年 2 月 24 日的日記裡。

托爾斯泰繼續讀書、做功課，繼續在心裡和他的女主角聊天，靜靜等待一個「機會」出現。到了 1872 年的 1 月，托爾斯泰的一位鄰居家裡出了一件大事，這位鄰居的女朋友安娜因為受不了男朋友交了新的女友而自殺了！這位安娜來到了一個小小

的火車站，看到一列貨車轟隆轟隆開近了，就跳下了鐵軌。消息傳來，托爾斯泰騎馬飛奔到那個小火車站，看到了安娜，看到了一個活生生的人被撞得那樣悽慘！他被深深的震動了。回到書房，他很想把自己的感受告訴心裡的那位女主角，這位美麗的女子卻不再「說話」，只是憂鬱的揮揮手，靜靜的離開了，再也沒有出現。

於是，托爾斯泰知道，這女子應該叫做「安娜」，她的生命必然是結束在一個小小的火車站上……。

這本書差不多成熟了，但是，在心裡出現的女子和那位死在火車輪子底下的安娜之間還需要一些非常具體的細節。比方說她的聲音、她的姿態、她的微笑、她沉思的樣子、她跳舞的樣子、她走路的樣子……。

　　有一天，在一個舞會上，托爾斯泰看到了一位端莊、美麗的貴族婦女，她是俄羅斯大詩人普希金的女兒，她的衣服、她的髮型都是高貴、典雅而細緻的，非常特別。她也非常有風度，讀過很多書，對文學和藝術都有獨特的見解。托爾斯泰和她聊天，聊得非常愉快，他尤其喜歡她非常甜美非常好聽的聲音。他有了一個強烈的感覺，他書裡的女主角安娜就應該和普希金的女兒一樣儀態萬方。

　　到了這個時候，小說已經在他的心裡完全的成形了，需要做的最後一件事情，就是把它寫下來。

　　這部小說的初稿只用了兩個月的時間就完成了。但是修改、推倒重來，甚至當部分作品已經開始在雜誌上連載以後，還要繼續重寫，不放過每一個句子的反

覆修改和完善，這個過程卻長達好幾年。一直到 1878 年出版了單行本，這本書才算真正寫完，前後將近六年。這部作品的題目叫做《安娜·卡列尼娜》。完成的作品和初稿之間的差距非常大，安娜的悲劇故事不再是她個人的故事，而是被安排在一個廣闊的社會背景上，讀者看到了一個激烈動盪的時代，而不只是一個家庭的故事。

這部作品的出現，在俄羅斯文壇掀起的是一場真正的大風暴。因為連載了好長的時間，所以報章雜誌有足夠的機會來討論這部「有爭議性」的小說，評論文章都好像評論一場戰役一樣的勁頭十足。但是，隨著時間一點一點的過去，人們越來越相信，在俄國文學的天空裡，正出現一顆真正永遠明亮的星星。這是一部真正反映俄國現實生活的小

說，托爾斯泰簡直是用一把靈活的雕塑刀，刻畫出那些生動的人物和情節。我們的小說家完完全全是把鮮活的歷史留在小說裡啦。

　　但是，聰明的讀者都看出來了，在《戰爭與和平》裡面，「空氣是明朗而潔淨的」，是陽光燦爛的白天。在《安娜‧卡列尼娜》裡面，「不安與慌亂卻像黑夜一樣沉重」。大家都感覺到了小說家心裡的風暴，也感覺到了小說家自己也已經走進了深深的黑暗當中。

放大鏡　　　小說家們都喜歡閱讀寓言，俄羅斯寓言家克雷洛夫寫過這樣的詩句：

　　我聽說在遠古的往昔
　　法官們一個個伶俐無比
　　要問他們為什麼這樣伶俐
　　只因為他們手下有精明的書記
　小說家們讀到這裡，無不會心微笑。

8 暴風雨

　　實際上，這個巨大的黑暗是從那個「看到」死神的恐怖之夜開始的。

　　從 1873 年到 1875 年，死神真的一次又一次來到波良納莊園，這一回祂完全不打招呼，就把托爾斯泰的親人一個又一個的帶走。先是一歲半的兒子彼佳，忽然得了急病，很快就死去了。這是一個活潑、聰明、全家人都非常喜歡的男孩，他這麼急匆匆的被死神帶走，讓媽媽索菲婭難過了好久好久。

　　接著，就是照顧了托爾斯泰一家人很多年的塔吉雅娜姑姑也去世了。姑姑的去世，讓托爾斯泰傷心、難過極了。塔吉雅娜姑姑病重之時，已經不認得別的人了，她只認得托爾斯泰。托爾斯

泰到姑姑的床前去看她，她還會慢慢翕動嘴唇，微笑著，眼睛裡閃出光亮，輕輕呼喚托爾斯泰父親的名字。托爾斯泰的父親已經死去將近四十年了，姑姑還像少女時代一樣的愛他。托爾斯泰被深深的感動了，姑姑去世，就使得他特別痛苦。他也感覺非常的愧疚，因為姑姑活著的時候，永遠在照顧別人，照顧托爾斯泰一家、照顧鄰居、照顧親戚、照顧村人；托爾斯泰卻沒有好好照顧過這位善良的好人！

痛苦不斷的增加，到了這個時候好像還沒有結束。姑姑去世以後，托爾斯泰的兩個幼小的孩子，一個男孩，一個女孩，又先後病死。死神一掌又一掌的把托爾斯泰推進一個黑洞，他感覺情緒低落，好像連呼吸都變得困難起來。

為了振作精神，為了與強大

的、他不能了解的力量對抗，托爾斯泰除了拼命寫作以外，他也花時間，再次關心教育事業。

　　他對實行了好多好多年的教育體制提出批評，他期待出現新的、對學生有幫助的，讓學生覺得有興趣的教育體制，為了這個大目標，他把自己的觀點整理成一篇長長的論文，題目叫做〈論國民教育〉。他一邊寫論文，一邊想著那些沒有機會受教育的農民的孩子，想著他們營養不良的臉，想著他們身上的破衣爛衫。他的論文只有一個目的，就是希望救救孩子，希望給將來的哲學家、思想家、文學家、詩人、科學家和外交家們機會，不要讓貧窮奪走這些孩子的機會！

　　他的論文刊登在 1874 年 9 月號的《祖國紀事》雜誌上。主編涅克拉索夫和文壇的朋友們都熱烈的支持他。沙皇政府和主管教

育的官員當然不喜歡他的言論，他們想方設法給他製造麻煩。

在很多不愉快的日子裡，他在心裡做著比較，為什麼波良納莊園農民子弟學校的學生們比較快樂，而在許多其他的學校裡卻完全聽不到笑聲？他覺得重點還是教師的理念不同，教師們對待學生的態度也大不相同。他覺得應該來創辦一所師範學院，一所大學，培養真正愛孩子，對教育事業充滿熱情的老師們。有了這些優秀的老師，才可能興辦更多好的學校。

能不能要求城裡的人全心全意愛護農民子弟呢？托爾斯泰覺得，和鄉村裡的生活、和農民的生活一點兒關係也沒有的知識分子，大概不容易安下心來和這些窮苦的孩子整天待在一起……。最好的辦法是「就地取材」，從農人中間選拔人才，農忙的時候

照樣下田耕作，農閒的時候讀書學習，待他們學成了，就會變成農民子弟之中，最了解農村、最好、最親切的老師，因為他們自己就是農民啊。

這個想法當然是挺合理，挺好的。可是，辦大學實在是非常昂貴的一件事情，就算是辦一所「草鞋」大學，也是挺花錢的。托爾斯泰忙碌了好久，終於發現，還短少三萬盧布，沒有這三萬盧布，這所師範學院沒有辦法開張。

托爾斯泰那時候正好擔任著圖拉省省議員的職務，而且他也知道，在省公署正好有一筆錢，閒在那兒沒有用處，就向省公署提出了辦學需要經費的申請。結果，這筆錢被用來修建女皇紀念碑了。「師範學院」的美麗夢想就因為「經費不足」而瓦解了。

心情大壞的托爾斯泰需要出

門去散散心，在 1875 年的夏天，他們全家來到了薩馬拉大草原。這時候，托爾斯泰已經在這個美麗的地方買下了一萬六千俄畝的草原。他非常喜歡這個大草原，喜歡草原上熱情、慓悍，有著不同風俗習慣的各個民族的牧人。他也非常喜歡土生土長的草原馬，這種馬雖然個頭兒不高，看起來不怎麼漂亮，可是強壯有力，很能夠吃苦耐勞呢！

　　托爾斯泰就在這兒辦了一次賽馬活動。活動開始的那天，好幾千位牧民從四面八方騎著馬來到托爾斯泰的莊園，馬蹄聲、歌聲、笑聲響徹雲霄！吉爾吉斯人、巴什基爾人、俄羅斯人都穿上顏色鮮豔的民族服裝，鋪開美麗的氈毯，散坐在賽馬場旁邊碧綠的草地上，為英勇的騎手們叫好、加油。駿馬飛奔、掌聲雷動，大家都歡天喜地，好像過節

一樣。

　　活動整整進行了兩天，牧民們才高高興興的離開。索菲婭和孩子們快樂的聊著賽馬大會上的各種見聞，開心得不得了。托爾斯泰的心裡卻覺得很不是滋味。他在草原上蹓躂著。一天前，這裡聚集了那麼多生氣勃勃的男女老少，他們是貧窮的，他們沒有機會受到好的教育，但是他們多麼熱愛生活！一個賽馬的活動，就能夠帶給他們那麼多快樂。

　　他獨自一個人，站在一眼望不到邊的草原上。這巨大的土地與莊園是屬於他的，他的一家大小隨時可以來到這個好地方休閒渡假。他曾經想為當地的老百姓辦學，卻因為短少三萬盧布而放棄了。但是，這巨大的草原、舒適的莊園、豐盛的餐點、豪華的馬車、營養良好的馬群，這些帶給他的家人許多快樂的物質財富

值得多少個三萬盧布呢？

他痛心的嘀咕著，這些物質的享受一樣也不能少，因為他的太太、孩子需要這些享受，這是他們生活的一部分！他們絕對不肯減少任何一點點開銷，因為他們覺得，這些物質的東西都是他們應該有的，是天經地義的事情，沒有什麼可以討論的，容不得討價還價。但是，為貧苦人辦學卻不是必須的。「錢不夠」，不辦就是了，沒有什麼大不了的。

他轉過身，向莊園走去。在燦爛的陽光下，他的妻子、兒女正在鮮花怒放的花園裡吃午餐，桌上的食物豐盛無比，僕人們穿著制服畢恭畢敬的上菜，廚房裡廚師們汗流浹背的忙碌著。坐在桌子旁邊的人們衣著光鮮，無所事事，盡情的享受著好菜、美酒和好天氣。每個人的一舉一動都

是懶洋洋的，他們紅光滿面，無憂無慮，無比舒暢。

他們為別人做過什麼事嗎？沒有，從來沒有。他們為自己做過什麼事嗎？沒有，也從來沒有。我能不能改變他們的生活呢？完全辦不到！托爾斯泰自問自答著。

忽然，他心裡一個念頭閃過，「其實，我自己也是喜歡這種好日子的！沒有這樣子的享受，我自己也會感覺受不了的！」想明白了，他只覺得自己罪孽深重，心情更加灰暗，渾身發冷。

也許，音樂可以帶來一些寧靜？除了緊張的寫作以外，他會長時間坐在鋼琴旁邊，臉色蒼白的讓琴聲帶走心裡的苦惱。每次看他彈琴，家人都會覺得他相當可怕，他們不懂，鋼琴只是一架樂器而已，何必看得那麼嚴重呢？

幸虧他就在這個心情惡劣的時期，認識了偉大的俄羅斯作曲家柴可夫斯基。音樂家和文學家透過文字和音符互相了解對方，建立了友誼。1876 年的冬天，莫斯科音樂學院的院長，著名的音樂家魯賓斯坦還為托爾斯泰舉辦了專場音樂會，演奏了好幾首柴可夫斯基的作品，讓托爾斯泰非常感動。他激動得熱淚盈眶，他明白朋友們都已經感覺到他內心的風暴，他們都希望可以幫助他。他心裡充滿了感激，但是，他也知道，音樂還是救不了他。

他把注意力轉向宗教。

托爾斯泰出身東正教家庭，宗教教育是家庭生活的一部分。但是，他在青年時代就對宗教產生過很大的懷疑。

他上大學的時候，和兄弟姐妹們一起，都住在莫斯科外祖母家裡。有一天，神父來到他們住

的大宅裡接受全家人的告解，每一個人都要單獨向神父——也就是透過神父向上帝坦誠——說出自己的「罪惡」，以達到「洗淨靈魂」的目的。

托爾斯泰和神父說了五分鐘話，就興高采烈的出來了，他覺得他已經把自己的「罪孽」都說出來了，上帝原諒了他，比從前更愛他，他因此而快樂無比。沒想到，過了一會兒，他猛然記起，在懺悔的時候，他忘記了一件壞事！也就是說，他「隱瞞」了一件「罪惡」。按照教義，這絕對是大罪！為了這件事，他徹夜輾轉，沒有辦法睡覺。

第二天一大早，他趕快雇了一輛車，跑到修道院去，找到神父，說出這樁「罪惡」，這才心滿意足的又搭著原來那輛馬車回家。

坐在馬車裡，他實在太高興

了，很想和馬車伕聊聊，讓馬車伕分享他的快樂。他講了又講，馬車伕連一點兒反應也沒有！他驚訝極了，不懂這馬車伕聽到這麼好的故事怎麼可能沒有反應？馬車伕被他磨得煩了，只好淡淡的回答他：「這是老爺們的事情，是您們這些老爺們的事情。」也就是說，他的快樂根本不是馬車伕的快樂，他們根本沒有共同的快樂！

馬車伕的無動於衷讓青年托爾斯泰的好心情打了折扣。更糟糕的是，到了家他才發現，自己沒有錢付帳，他自己的零用錢早就花完了。沒有辦法，只好向管家借錢，管家根本不相信他會還錢，完全不肯借給他！萬般無奈，他只好指天發誓一定會還錢，管家這才幫他付了車錢。到了這個時候，他跑到修道院去「懺悔」之後得到的好心情，真

正是煙消雲散了。

現在，托爾斯泰已經不是年輕人，在一片黑暗中，他感覺需要宗教。他給朋友的信裡有這樣的句子，「宗教對於我，就好像眼看要滅頂的人抓住了一塊漂流木一樣……」他不斷想起小時候的情景，他爬到塔樓上，看著那些趕路的信徒……。

他也想到年輕的時候，曾經去過的一所修道院。他曾經坐在一間修道室裡等待神父：

房間很小，非常整潔。兩扇小窗之間有一張鋪著漆布的小桌子，桌上擺著兩盆天竺葵。一座聖像架，聖像前點著一盞神燈。兩把椅子。屋角掛著一面鐘。白色木棒組成一塊隔板，高達天花板，上面掛著兩件祭袍，隔板後面準是擺著一張窄窄的床……窗外兩俄尺的地方

有一堵白牆。窗戶和牆中間種著一叢矮小的丁香。外面的聲音傳不到屋裡，在寂靜中，鐘擺有節奏的聲音聽起來特別的響。我獨自待在這靜悄悄的屋裡，頭腦裡清清爽爽，身心非常愉快……那兩件發黃的土布祭袍，那些本破舊的黑皮面書籍，那些葉子洗得乾乾淨淨、澆過水的蒼翠盆花，鐘擺的單調聲響，都清清楚楚的向我展示了一種我從沒有經歷過的生活，幽居、寧靜、不斷祈禱、平安而且幸福……。

他也想到那位神父，「一個月又一個月，一年又一年，時間過去了，他卻始終獨自一個人，一直平心靜氣，在上帝面前問心無愧，而上帝卻會傾聽他的祈禱……」現在，他絕對需要這樣一位神父，他需要到這樣一間修道

室去，他需要與神父促膝長談，他心裡有太多的問題，他需要解答。

在離波良納莊園兩百公里的密林深處，有一座巍峨的修道院，這就是奧普京修道院。在經過了好幾百年的風雨以後，這座修道院已經非常有名了。

托爾斯泰來到了這裡，和著名的長老交談，也和神父一起在深夜裡祈禱四小時……。但是，他再也找不到年輕時有過的快樂，他甚至覺得，在上帝和他自己之間，實在不需要長老和神父！他知道，那絕對不是東正教教義所能允許的。但是，那些長老和神父實在是「普通人」，一點兒也不比自己高明！想通了這個道理，他被自己嚇著了，趕快回頭認真研究神學和哲學理論。

唸了一大堆書，他還是沒有改變自己的想法，還是覺得神職

人員自私自利，毛病一大堆！到了這個時候，他只好承認，他曾經希望宗教給他幫助，這個努力已經完全的失敗了！他必須另外找出路，才不至於被心裡的暴風雨打倒。

在經過了好多的煎熬之後，托爾斯泰在 1881 年 6 月又一次去了奧普京修道院。

這一回他身穿布衣、腳踏樹皮鞋、風餐露宿，十分辛苦的步行了整整十天，走到了修道院。一路上，他和普通的老百姓一樣風塵僕僕，他和大家親密無間，談天說地，痛快極了。在修道院裡，他和長老的談話卻非常的不愉快。後來他在一部著名的作品《懺悔錄》裡表示：能夠救他的，不是那個和政治權力扭結在一塊兒的東正教，而是普通的勞苦人民的生活，這種生活是那麼樸實、那麼真實、那麼有生命

力。

他覺得，自己必須和貴族地主的生活告別，才能走出一條新的道路來。

他準備好了，要走這條新的道路。

放大鏡

托爾斯泰非常喜歡戲劇家、小說家契柯夫的作品。契柯夫卻這樣寫道：寫作的道路從頭到尾布滿了荊棘、釘子、帶刺的蕁麻，所以，頭腦健全的人應當千方百計迴避寫作生活。

雖然如此，契柯夫還是在俄羅斯文學的百年輝煌裡，占了非常重要的位置。

9

逃家的人

托爾斯泰的想法和他家人的想法完全相反。

孩子們長大了，要進大學了，要進入「上流社會」了，他的家庭和別的貴族地主家庭一樣，全家搬到了大城市。1881年的秋天，他們搬到了莫斯科。

索菲婭也和別的貴族婦女一樣，不斷的在家裡舉行宴會，常常帶著孩子們出席許多貴族沙龍的活動，鼓勵已經成年的孩子結交有錢有勢的貴族。一切都「正常」得很。

托爾斯泰卻「痛苦得要發瘋」，他完全受不了這種「花天酒地」的生活，他覺得這種奢侈的生活完全是建立在窮人的痛苦上。他常常從這些熱鬧的宴會溜出去，他走向莫斯科的貧民窟，

他看到了在那些角落裡深不見底的黑暗、貧窮、骯髒、疾病，他感覺到在那些散發著惡臭的地方，有著深深的絕望。有時候，他完全受不了家裡的豪華氣氛，就乾脆暫時回到波良納莊園去，希望在那裡可以安靜一會兒。

　　索菲婭寫信給他，直接的、清楚的說明他們之間的問題：

你有能耐不特別疼愛自己的孩子，我卻是一個凡人，我辦不到！而且，我也完全不願意像你一樣變成一個怪人，嚷嚷著自己愛全世界，其實卻不 ── 愛 ── 任 ── 何 ── 人！享你的清福吧！弄你的寫作吧！不用擔心，反正你在不在莫斯科都一樣，你不在，只不過是客人少一些；你在這裡，我們也難得見面！其實，我們已經分道揚鑣了！

　　話是說得很嚴重了，可是不久以後，索菲婭軟磨硬纏，還是成功的讓托爾斯泰買了房子。21世紀的現代人要是去莫斯科參觀訪問，莫斯科人一定會很自豪的把客人領到列夫‧托爾斯泰街21號，這所有一座大花園的住宅就是那幢房子，當年的托爾斯泰懷著非常矛盾的心情，買下了它，還擴建了它，而且在這所房子裡招待了好多重要的人，比方說俄國著名的畫家列賓。列賓馬上就發現托爾斯泰「是一個非常激烈、非常矛盾的人」，語言非常尖銳」。托爾斯泰對自己富裕的生活十二萬分痛恨，但是他還是在這種生活裡一天天的過下去，而且痛苦不堪。

　　有一天，托爾斯泰大叫:「我們的錢已經多得花也花不完!」他決定，要把薩馬拉莊園裡農民付的田租還給農民，希望能夠幫忙

改善他們的生活。索菲婭堅決反對，因為「錢，永遠不夠花」！兩個人大吵了一架。吵架的結果是托爾斯泰第一次離家出走。這件事情發生在 1884 年 6 月。

這一回，他並沒有走多遠，因為索菲婭快要生小孩了，他怕自己走了，索菲婭如果生產不順利，如果出現什麼問題，他將永遠沒有辦法原諒自己！他回來了，繼續過著矛盾重重的生活。

就在這個時候，他認識了一個人，這個人的名字是切爾特科夫。這個人在托爾斯泰最後的二十多年當中，成為他最親密的朋友，也成為托爾斯泰和妻子索菲婭之間最大的問題。索菲婭和切爾特科夫明爭暗鬥，孩子們也分成了兩派，支持母親或者支持父親，托爾斯泰夾在當中，日子更加難過。「逃家」變成了日思夜想的大目標。

　　逃家不成的時候，他就盡量待在鄉下，成了著名的「農民伯爵」。朋友們是這樣描寫他的，「……烈日炎炎，晴空萬里。托爾斯泰剛從田裡勞動歸來，他穿著一件沒有領子的襯衫，一條肥大的、沒有樣子的粗布褲子，腳上是一雙笨重的牛皮靴。完全是『農民裝』。」朋友們都看出來了，托爾斯泰熱愛體力勞動，「……他那被陽光曬得黑紅的臉龐真有精神！灰色的小眼睛深藏在毛蓬蓬的眉毛底下，興奮的閃閃發光，像一把出鞘的劍！」

　　索菲婭一點也不欣賞「農民伯爵」的健康生活，她和孩子們嘲笑托爾斯泰根本在那兒浪費時間，簡直是「病態」！或者完全「瘋了」。

　　到了 1890 年代初期，他們的關係又大大緊張起來。1890 年冬天，波良納莊園附近的農民在莊

園裡悄悄砍了三十株白樺樹。索菲婭一狀告到法院，農民被罰款，還被關押了六個月！托爾斯泰看到農民為這種小事坐牢氣憤不已，痛斥索菲婭的霸道。這時候，他不但又想逃家，而且開始一步步的放棄自己的私產。當然，爭吵和辯論是少不了的。但是，經過無數爭吵以後，托爾斯泰還是達到了一部分的目標。

1891 年 9 月在《新時代報》和《俄羅斯新聞》上，托爾斯泰刊登聲明，宣布任何人有權用俄文或者其他任何文字，出版和上演，他 1881 年以來所寫的著作，不管是不是已經出版過。

　　1891 到 1892 年，俄羅斯大地上出現大饑荒，托爾斯泰帶頭開倉放糧救災，索菲婭沒有公開反對，而且還相當熱情的參加了救災的活動。這件事情差不多是晚年的托爾斯泰和索菲婭攜手所做

的最後一件事情。救災以後，索菲婭擔心托爾斯泰的瘋狂將讓這個「人口眾多」的家庭「破產」，她就更努力、更小心的保護家庭在城裡和鄉下的巨大產業。

在莫斯科斷斷續續的住了二十年以後，托爾斯泰全家搬回了波良納莊園。雖然托爾斯泰努力的追求平民化，但是，他的生活畢竟沒有真正的改變。他每次逃家都被索菲婭率領醫生和僕人追了回來，他痛苦依舊。索菲婭不斷的狀告農民，弄得農民傾家蕩產，也讓他們兩人之間的矛盾越來越尖銳。

到了 1910 年 6 月，索菲婭和切爾特科夫，為了爭奪托爾斯泰文學遺產的控制權鬥爭激烈，已經到了每天吵架的地步。社會上同情托爾斯泰的人都寫信給他，支持他：「放棄財產，離家出走。」

7 月 22 日，托爾斯泰悄悄來

到離波良納三俄里的格魯蒙特，在那裡簽署了一份重要的文件，這是一份有法律效力的遺囑。根據這份遺囑，他的全部著作的繼承人是小女兒薩莎和長女塔妮婭，她們將監督執行，讓這些著作的版權歸全民所有，而不是變成私人財產。托爾斯泰全部手稿的繼承人是切爾特科夫，他不可以用這些手稿謀取私利，但是他有權保管、審閱和出版。

　　索菲婭很快就知道了這件事，大鬧不休，還把站在自己這一邊的兒子安德列叫回家來，和她一起，逼迫托爾斯泰交出遺囑。索菲婭和安德列的行為在家裡掀起巨大的風暴。

　　事情沒完沒了，索菲婭甚至開始「偷走」托爾斯泰的「祕密日記」！托爾斯泰本來已經相當衰弱的身體很快就惡化了。他決定逃家，無論如何都要離開這種

可怕的生活！初步的計畫是請一位農民，在一個遠遠的地方，幫他安排一個「乾燥、溫暖的小窩」。

10月27日，白天，他還在讀杜斯妥也夫斯基的小說，小說非常吸引人，但晚上就睡得不太好。深夜，隔壁書房門下面透出了黃黃的燭光，他聽到了熟悉的腳步聲，也聽到了開抽屜、翻紙張的聲音。他知道是索菲婭在找遺囑，也在看他的來往信件和手稿……過了好一會兒，她才悄悄的走了。

托爾斯泰氣得要命，再也睡不著，就點上蠟燭，坐在床上，想再找本書來看。索菲婭推門進來了，好像什麼事也沒發生似的，假惺惺的問他，怎麼睡不著？托爾斯泰看著這個和自己一起生活了四十八年，曾經和自己一起創作，但是完全被金錢迷失

了心智的女子，下定決心，離家出走。他留了一封信給索菲婭，告訴她，自己決心已定，要求她不要帶人來追……。

凌晨，深秋的細雨中，托爾斯泰叫醒了家庭醫生和女兒薩莎。匆匆忙忙帶了必要的衣物，他和醫生一起坐馬車再換乘火車，離開了。上路之前，因為太緊張，還摔倒了，撞在樹上，弄得非常狼狽。

天亮了，索菲婭看到托爾斯泰的留言，並沒有放棄將他追回的努力。先是投河，被救起來以後，再派托爾斯泰的祕書和女兒薩莎一路追下去，並通知丈夫，「你要是還不回來，我馬上帶人隨後趕到……。」

急怒攻心，托爾斯泰得了肺炎。但是，這位八十二歲的老人決定繼續逃跑。在高燒中，抵達一個偏僻小站阿斯塔波沃。站長

先生馬上讓出自己的房子，把重病的托爾斯泰安頓下來。

托爾斯泰逃家、重病的消息馬上傳開了，大量支持者的慰問電報湧到，大批記者湧到。沙皇政府期望與大作家「和解」，教會希望作家「重回教會的懷抱」，他們都派大批的人趕到阿斯塔波沃。薩莎為了父親的寧靜，像個戰士一樣，站在門口，擋住了父親不想看見的人。這些人裡，也包括帶著子女趕來的索菲婭。她只能遠遠望著丈夫躺著的小屋的窗戶，醫生和薩莎都不准她接近那小屋，他們全力保護著托爾斯泰最後的一點點安寧。

7日凌晨，他說出了最後一句話「……我，非常非常熱愛真理……」然後，進入昏迷狀態。五點鐘，索菲婭得到允許，來到他床前，與他告別。他閉著眼睛，沒有回答，只是發出一聲長

長的嘆息。六點零五分，他走了，離開了混亂的世界。

9 日清晨，數萬老百姓來到扎謝克火車站，迎接托爾斯泰的靈柩，在「永垂不朽」的歌聲中，幾里長的隊伍將他護送到雅斯納亞•波良納，按照他的願望，將他埋葬在扎卡斯峽谷旁邊，那裡只聽得到松濤和溪水的吟唱。那裡也掩藏著一根神祕的綠色小木棍，它會給人們帶來健康與永遠的幸福。

沒有墓碑，異常的樸素，守護著他的只有微風、明月和人們的敬意。

放大鏡 契柯夫在給朋友的信裡這樣說：當文學中有托爾斯泰在的時候，做一個文學家是既輕鬆又愉快的，甚至你覺得自己什麼也沒有做的時候，都會覺得不那麼可怕，因為托爾斯泰正在代替大家做著文學家們應該做的事情。

10 復活

　　托爾斯泰在他最後的二十年裡，雖然個人的生活充滿了痛苦和不幸，但是，他創作不斷，他留在俄羅斯文學史和世界文學史上的光輝，與他這二十年的創作有非常大的關係。

　　他寫了好幾部非常受歡迎的戲劇，在這些戲裡面，他用人物的對話清楚的說明了，19世紀末20世紀初，善良、勤勞的俄羅斯老百姓生活的艱難和困苦。每一位觀眾都看明白了，托爾斯泰嚴厲抨擊的是沙皇政府和東正教教會。在這些戲劇裡，最最有名的一部是「活屍」。公演以後的回響熱烈無比。沙皇政府害怕引起更大的風潮，不敢把托爾斯泰關起來，只好把他的好朋友切爾特科夫趕出國門。

戲劇之外，還有大量論文，直接討論藝術、文化與社會，其中〈當代的奴隸制度〉這篇文章更是讓沙皇和教會痛恨，東正教會最高會議在 1901 年 2 月公開宣布開除托爾斯泰的教籍，並且在所有的場合詛咒這個「邪教徒和叛教分子」。

托爾斯泰不為所動，而且，那時候他正忙著一部非常重要的長篇小說，這部小說在一百年以後，在俄羅斯經過了七十年的「共產社會」以後，變得更加重要了，俄羅斯人民把它看作重要的精神財富。全世界的愛書人把它看作最輝煌的文學遺產之一。這部小說的題目叫做《復活》。

1887 年，法學家柯尼先生告訴托爾斯泰一個故事，柯尼在法院擔任檢察官的時候，有一天，有一位臉色蒼白的貴族青年要求和他見面，並且當面交給他一封

信，要求和監獄裡的一位女犯人結婚！柯尼非常驚訝，出於好意，就勸這位有錢、有地位的年輕人改變主意。年輕人非常堅決，每天探監，一直到那女犯人在監獄裡得了傳染病死去。柯尼很好奇，不明白那年輕人為什麼要這樣做，就展開了一點調查。原來，那女孩子本來是一個貴族家庭的養女，懷了貴族少爺的孩子，被趕了出去，流落到社會的最低層，因為拿了一個富商皮夾裡的錢而被告、判刑。貴族青年正好在法庭上擔任陪審員，看到從前家裡的美麗養女因為自己的荒唐變成了犯人，非常愧疚，決心用「結婚」來贖罪……。

這是一個懺悔的故事，是一個把美變成了醜，又期望用懺悔來復活美的故事，裡面有著非常深刻的內容。托爾斯泰鼓勵柯尼先生把它寫下來。

　　時間一年又一年過去了，柯尼先生沒有寫，托爾斯泰卻忘不了這個故事，他寫信問柯尼，可不可以把這個故事轉讓給他呢？柯尼先生非常高興，請托爾斯泰把這個故事好好寫出來。《復活》就這樣開工了，柯尼先生卻沒有想到，這部小說的工程非常浩大，足足耗時十一年，到了1899 年才完成。關於這部書的偉大成就，法國作家羅曼・羅蘭說過一句很中肯的話，他說，《復活》給晚年的托爾斯泰加冕，《復活》是托爾斯泰的藝術遺囑。

　　1895 年 3 月，托爾斯泰在日記裡，把正在寫的《復活》列入他最重要的九部藝術品之一。他在十一個年頭裡反覆修改、重寫這部作品。留下的手稿達到七千多印張。完整稿樣就有六種，第一種完整稿樣誕生於 1895 年夏

天，全書的完成卻要等到將近四年以後。我們可以想像這工程的艱鉅，可以想像小說家付出了多少心血，才完成這樣一部作品。

開始的時候，托爾斯泰覺得，通過這樣一部書他可以把很多的想法放進去，把他對生活、社會、宗教的許多思考放進去。但是，越寫他就越困惑，他被小說主人公「牽著鼻子走」，而且「前途渺茫」。

養女卡秋莎·瑪斯洛娃的形象與托爾斯泰的親人塔吉雅娜姑姑的形象很接近。在她的一步步的變化裡，托爾斯泰生活裡交往過的女子的外形和氣質都被悄悄的、巧妙的揉合進去，使得瑪斯洛娃栩栩如生。貴族青年聶赫留道夫，不是小說家在從前的作品裡讚美過的「光榮的人物」，也不是被小說家批判過的那種「腐朽的人物」。聶赫留道夫是一位

「最後的貴族」，他內心的矛盾與風暴都是托爾斯泰自己內心的煎熬。

在很長的一段時間裡，托爾斯泰沉醉在書寫裡，工作得津津有味。《復活》成型的時候，已經距離柯尼先生的故事相當遙遠了。盜竊案變成了謀殺案，坐牢變成了流放，女犯人沒有病死而是與政治犯一起踏上了流放之路。托爾斯泰早就想寫一部有關十二月黨人的書，他做的大量研究工作，他早年的構思，在寫《復活》的時候都派上了用場。

今天的讀者在閱讀《復活》這本書的時候，不但看得到俄國19世紀末的社會生活，而且看得到作者托爾斯泰本人，在書寫當中獲得的巨大的心靈自由。

小說家從他自己的作品裡獲得了新的生命。《復活》完整的投射出托爾斯泰畢生的藝術成

就。

　但是，還有一些時候，關於一些問題的討論，很可能要延續到作家的生命結束以後，中篇小說《哈吉穆拉特》就是一個很好的例子。

　　1896 年夏天，托爾斯泰走過一片剛剛深翻過的田野，看見小路邊上有一叢牛蒡，黑黑的莖桿受了傷，濺滿了泥漿，掛著一朵髒兮兮的小白花。他站住了腳，看著這叢受盡了苦難，還頑強的活著的牛蒡花，讚嘆著：「人毀滅了無數草芥，這叢花卻不肯屈服！」就在這叢牛蒡旁邊，他想到了高加索不屈的山民哈吉穆拉特。這位曾經與俄國統治者浴血苦戰的山民是在 1851 年被槍殺的。四十五年以後，托爾斯泰想到了他，並且在三個星期裡寫了一篇短篇小說，歌頌這位不屈的英雄。

　　小說寫成以後，托爾斯泰並不滿意，用了六年的時間，整整修改了十次，一直到 1904 年才真正完成，這時候，這個故事已經發展成一部中篇小說，成為托爾斯泰晚年最重要的藝術作品。

　　托爾斯泰是一位人道主義者，到了晚年，尤其反對「以暴力抗惡」的做法。但是，被統治者逼上梁山的哈吉穆拉特「揭竿而起」，是以暴力作殊死反抗的。這與托爾斯泰的理念有矛盾，所以這部作品就一直沒有發表。等到托爾斯泰去世，這位熱愛生活、剛勇無比、像牛蒡花一樣充滿生命力的自然之子的故事，才得到出版的機會。

　　這篇小說的寫作、修改和出

放大鏡

　　托爾斯泰說過：只有當你有好的新的東西要說的時候，只有當那些東西對人們有益，對千百萬勞動者有幫助的時候，你才可以動手寫作。

版就好像一個縮影，讓我們再一次看到了托爾斯泰的一生。他就像一艘孤獨而頑強的小船，在狂風暴雨之中時隱時現，掙扎前進。

　　小船不會沉沒，只是時隱時現。

列夫・托爾斯泰

1828 年 8 月	28 日，出生在雅斯納亞・波良納莊園。
1830 年 8 月	4 日，母親瑪麗婭・尼古拉耶夫娜去世。
1937 年 6 月	21 日，父親尼古拉・伊里奇去世。
1844 年 9 月	進入喀山大學東方語言系就讀。
1847 年 4 月	退學回到家鄉，成為青年地主。
1851 年 4 月	隨長兄尼古拉前往高加索，不久以後入伍。
1852 年	中篇小說《童年》發表。
1854 年 1 月	19 日，離開高加索，前往多瑙河軍團。
1854 年 10 月	中篇小說《少年》發表。
1854 年 11 月	7 日，到達塞瓦斯托波爾，參加俄土戰爭。
1855 年 6 月	〈十二月的塞瓦斯托波爾〉發表。

1855 年 9 月	〈五月的塞瓦斯托波爾〉發表。
1855 年 11 月	離開塞瓦斯托波爾，抵達彼得堡，結識文壇友人。
1856 年 1 月	〈一八五五年八月的塞瓦斯托波爾〉發表。
1856 年 11 月	26 日，正式退伍，定居波良納莊園。
1856 年 12 月	中篇小說《一個地主的早晨》發表。
1857 年 1 月	中篇小說《青年》發表。首次去西歐旅行。
1859 年 7 月	中篇小說《家庭幸福》發表。
1859 年 11 月	創辦農民子弟學校，並且在學校任教。
1860 年 7 月～61 年 4 月	再次出國旅行考察。
1861 年 5 月	27 日，與屠格涅夫爭吵、斷交，十七年後才恢復友情。

1862 年 7 月	6 日～7 日，憲兵搜查波良納莊園。
1862 年 9 月	23 日，和索菲婭·安德列耶夫娜結婚。
1863 年 1 月	中篇小說《哥薩克》發表。
1863 年 2 月	中篇小說《波里庫什卡》發表。
1863 年 9 月～69 年底	創作長篇小說《戰爭與和平》，《俄羅斯導報》從 1865 年 1 月起開始刊登。
1871 年 9 月～72 年 5 月	編寫《啟蒙課本》。
1873 年 3 月～77 年 7 月	創作長篇小說《安娜·卡列尼娜》，《俄羅斯導報》從 1875 年 1 月開始刊登。
1878 年 4 月	6 日，主動寫信與屠格涅夫和解。
1880 年 1 月	開始寫《懺悔錄》和《教條神學批判》。
1881 年 9 月	15 日，全家遷居莫斯科。
1882 年 5 月	21 日，將財產處理權交給妻子索菲婭。
1884 年 6 月	17 日，第一次離家出走。
1889 年 12 月	26 日，開始寫《復活》。
1891 年 9 月	16 日，宣布放棄 1880 年 12 月 31 日以後所發表著作的版權。
1896 年 8 月	開始寫中篇小說《哈吉穆拉特》，1904 年完成。

1899 年 3 月～12 月	長篇小說《復活》在《涅瓦》雜誌連載。
1900 年 5 月～9 月	寫成劇本《活屍》。
1900 年 8 月	9 日，完成論文《當代的奴隸制度》。
1901 年 2 月	24 日，東正教最高會議革除托爾斯泰教籍，引發莫斯科等地民眾抗議浪潮。
1901 年 6 月～7 月	病重，收到大量慰問電函。
1903 年 8 月	20 日，寫完短篇小說《舞臺之後》。
1908 年 5 月～6 月	寫作論文《我不能沉默》。
1909 年 11 月	24 日，選編和撰寫前言的《中國聖人老子語錄》出版。
1910 年 7 月	22 日，立遺囑，全部著作版權歸全民所有。
1910 年 10 月	28 日，離家出走。
1910 年 11 月	7 日，因肺炎，在阿斯塔波沃去世。9 日，遺體運回雅斯納亞‧波良納安葬。

兒童文學叢書

每個孩子都是天生的詩人

您是不是常被孩子們千奇百怪的問題問得啞口無言？
是不是常因孩子們出奇不意的想法而啞然失笑？
而詩歌是最能貼近孩子們不規則的思考邏輯。

小詩人系列

 現代詩人專為孩子寫的詩

 豐富詩歌意象，激發想像力

詩後小語，培養鑑賞能力

 釋放無限創造力，增進寫作能力

 親子共讀，促進親子互動

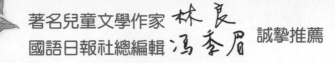

著名兒童文學作家 林良
國語日報社總編輯 馮季眉 誠摯推薦

一套充滿哲思、友情與想像的故事書
展現希望、驚奇與樂趣的

我的蟲蟲寶貝！

想知道

迷糊可愛的毛毛蟲小靜，為什麼迫不及待的想「長大」？

沉著冷靜的螳螂小刀，如何解救大家脫離「怪傢伙」的魔爪？

膽小害羞的竹節蟲阿比，意外在陌生城市踏出「蛻變」的第一步？

老是自怨自艾的糞金龜牛弟，竟搖身一變成為意氣風發的「聖甲蟲」？

熱情莽撞的蒼蠅依依，怎麼領略簡單寧靜的「慢活」哲學呢？

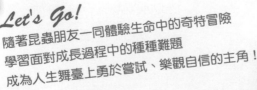

Let's Go!
隨著昆蟲朋友一同體驗生命中的奇特冒險
學習面對成長過程中的種種難題
成為人生舞臺上勇於嘗試、樂觀自信的主角！

獻給孩子們的禮物

「世紀人物100」

訴說一百位中外人物的故事

是三民書局獻給孩子們最好的禮物！

◆ 不刻意美化、神化傳主，使「世紀人物」
   更易於親近。

◆ 嚴謹考證史實，傳遞最正確的資訊。

◆ 文字親切活潑，貼近孩子們的語言。

◆ 突破傳統的創作角度切入，讓孩子們認識
   不一樣的「世紀人物」。

國家圖書館出版品預行編目資料

暴風中的孤帆：列夫・托爾斯泰／韓秀著;李詩鵬繪.
－－初版三刷.－－臺北市：三民，2017
　　面；　　公分.－－(兒童文學叢書／世紀人物100)

ISBN 978-957-14-4415-4　(平裝)

1.托爾斯泰(Tolstoy, Leo, graf, 1828-1910)－傳記－
通俗作品

784.88　　　　　　　　　　　　　　　　94024013

© 暴風中的孤帆：列夫・托爾斯泰

著 作 人	韓　秀
主　　編	簡　宛
繪　　者	李詩鵬
發 行 人	劉振強
著作財產權人	三民書局股份有限公司
發 行 所	三民書局股份有限公司
	地址　臺北市復興北路386號
	電話　(02)25006600
	郵撥帳號　0009998-5
門 市 部	(復北店)臺北市復興北路386號
	(重南店)臺北市重慶南路一段61號
出版日期	初版一刷　2006年9月
	初版三刷　2017年11月修正
編　　號	S 781770

行政院新聞局登記證局版臺業字第○二○○號

有著作權·不准侵害

ISBN　978-957-14-4415-4　(平裝)

http://www.sanmin.com.tw　三民網路書店
※本書如有缺頁、破損或裝訂錯誤，請寄回本公司更換。